肖　复　兴　文　集

# 八大胡同捌章

肖复兴　著

WUHAN UNIVERSITY PRESS
武汉大学出版社

**图书在版编目(CIP)数据**

八大胡同捌章/肖复兴著.—武汉：武汉大学出版社,2015.9
肖复兴文集
ISBN 978-7-307-16468-0

Ⅰ.八…　Ⅱ.肖…　Ⅲ.散文集—中国—当代　Ⅳ.I267

中国版本图书馆 CIP 数据核字(2015)第 178797 号

责任编辑:张福臣　　　责任校对:李孟潇　　　版式设计:马　佳

出版发行:**武汉大学出版社**　(430072　武昌　珞珈山)
(电子邮件:cbs22@ whu.edu.cn　网址:www.wdp. com.cn)
印刷:北京世纪雨田印刷有限公司
开本:720×1000　1/16　　印张:13.25　字数:155 千字　插页:1
版次:2015 年 9 月第 1 版　　　2015 年 9 月第 1 次印刷
ISBN 978-7-307-16468-0　　　定价:22.00 元

# 总 序

肖复兴

文集编好之后，想起放翁的一句诗：四海交情残梦里，一生心事断编中。似乎有些吻合此境此情。

想我交情远不足四海之阔，心事也远没有那样跌宕起伏，但交情和心事毕竟还有，而且，多写进了文字当中。文集给了我回过头来看看自己走过的路的一个机会，即便走路的姿势不那么漂亮，脚印却或深或浅地印在路上，所谓雪泥鸿爪的意思吧。

我的文字第一次变成铅字，是1963年的暑假过后。那时，我读高一。是北京市的一次少年作文比赛，叶圣陶老先生从中挑选出二十篇作文，逐字逐句修改，并在每篇作文后面写下评语，编成了一本书《我和姐姐争冠军》，我的文章《一幅画像》忝列其中。

我的文字第二次变成铅字，是在九年后的1972年。那时，我在北大荒一个生产队的猪号里喂猪。1971年的整个冬天，大雪封门时无处可去，又无事可干，趴在烀猪食的大锅旁，断断续续写了十篇散文。我想请别人看看我写得怎么样，想起了叶圣陶老先生。那时候，他已经被打倒，没敢

将稿子寄他，便寄给他的长子叶至善先生。没有想到，很快收到叶至善先生的回信，而且，像他的父亲一样，将我的十篇散文逐字逐句地进行了修改。1972 年的春天，我从中挑了一篇《照相》，很快就发表在新复刊的《北方文学》上。

我实在是幸运的。在迈向文学这条虽不辉煌却迷人的路上，一开始便遇到了属于真正大作家的叶圣陶老先生和叶至善先生两代人。说四海交情，如果不是攀附的话，两位叶老先生，应该是最值得怀念的了。

如果从 1963 年算起，我的写作年头有 52 年；如果从 1972 年算起，我的写作时间有 43 年。不敢冒充说是一生心事，起码大半生的心事，像树的年轮一样，留存在我斑驳的文字中。

我喜欢放翁说的“心事”这个词。文字生涯，其实注重的就是心事，无论是自己的心事，还是别人的心事，都是心事。自己的心事，需要有勇气和细心去触摸；别人的心事，需要用敏感和善感去沟通。我想，古人所说的剑胆琴心，应该包含着这样的意思吧。

因此，我不像有的作家把文学当成经天纬地之大事，总觉得那样会将文学慷慨而膨胀。文学没有那样的“高大上”。文学还是属于心事的范畴，而不属于政治经济乃至哲学范畴，尽管它可以有它们的因子在内。好的文学，从来都是从心灵走向心灵，曲径通幽，一路落满心事的残花落叶。布罗茨基讲：“归根结底，每个作家都追求同样的东西：重获过去，或阻止现在的流逝。”我以为，这个过去和现在，指的更多的是作家个体化的生命和生命中最重要的心事。在文学的创作中，这些最为细小甚至被别人忽略不计的心事，才具有了艺术存在的价值和意义。这些残花落叶，才获得了艺术生命的气息。在大千世界的变化中和漫长历史的动荡中，唯

有心事最易于让人们彼此相通，从而相互感动或慰藉，从而重新面对自己和他人，乃至更为广阔的人生与世界。

所以，当我的文集编者敲定下出版意图之后，询问我对编选文集的想法时，我说，不要编的卷数太多，十卷已经足够。这样的想法，便是基于我对文学基本的认知。文学，即便不可或缺，但也没有那样的重要。况且，我自己所写的文字不少是垃圾，或幼稚浅薄，犯不上堆砌一起，滥竽充数。能够有十卷可编，有人可看，已是幸事。这些文字，不敢冒充什么花儿朵儿，不过是一些一闪而过的露珠和草萤，但露珠非珠，却也有一丝来自内心的湿润；草萤非火，却也有一星属于自己的光亮而已。

我要非常感谢文集的编者张福臣先生。几年前，他曾经对我说：我一定要编一套你的文集。那时候，我没有当回事，以为他只是出于友情说说而已，因为现在的文学并不那么景气，出一套文集，肯定是亏本的事情。没有想到，今年夏天刚刚到来的时候，他已经把出版文集的事情都料理妥定，说就等你编好文集交我来出了。我猜得到，运作这一切事情，他所付出的心血劳力，以及友情。

我还要感谢墨人图书公司的老总陈志刚先生，我和他素不相识，却得到他的青睐和鼎力相助，让我十分的感动。这或许正是文学能够给予我一点温暖和温馨的地方。

同时，我要感谢武汉大学出版社和这套文集的责编张璇女士，没有他们的支持，这套文集是出不成的。

这十卷文集，不包括小说、报告文学和理论集，只选取散文随笔部分。为了编选省事，我选择了十本散文集，除《父亲母亲》卷和《老院记事》卷，其余都曾经出版过单行本，只是进行了一些删削和补充。也就是说，这十卷文集，其实只是选集。它们不是结束，只是又一个开始。我希望，能够如君特·格拉斯当年出版他的第一本书之后所说的那样："从此以后，我就这样生活在一页又一页纸之间，生活在一本书又一本书之间。"我曾经说过：铅华落尽，年老之后，能够有自己喜欢的一束书可读，再能有自己写的一束书可编，实在是堪以自慰的乐事了。

不知道会有什么样的人，读到这套文集？我的心中充满好奇。如今的出版物实在是太多了，一套十卷本的文集，单摆浮搁在那里，厚厚的一摞，显得很有些成就感，也能够满足一下虚荣心。但在浩瀚的书海里，很容易瞬间就被淹没。心中暗想，不管是什么人，能够在偶然之间遇到并随手翻阅这套文集，都是一种邂逅。我相信，都会触动我们彼此的一点心事。

2015 年 7 月盛夏于北京

# 目　录

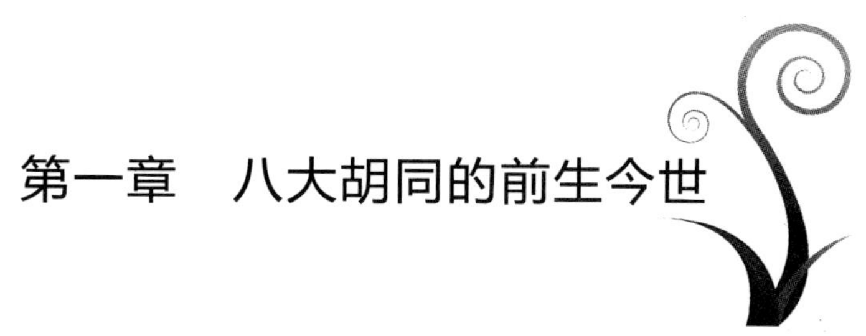

# 第一章 八大胡同的前生今世

## 一 游走在八大胡同的前生之中

如今，提起旧北京的红灯区，人们都知道有个八大胡同。

八大胡同是一种泛指。北京人对数字崇拜，讲究个“八”字，特别愿意用一个“八”字，雅的有燕京八景，俗的有天桥八大怪。这个“八”字只是一个虚数，就像李白诗中说的“疑是银河落九天”里“九”字一样。八大胡同泛指大栅栏一带的烟花柳巷而已，用当时《顺天时报丛谈》中的话说是“红楼碧户，舞扇歌衫”，和西洋人的红灯区一个意思。

不过，八大胡同的地理范围是有特指的，它们的方向在大栅栏西南，但到了南面的珠市口西大街为止，珠市口西大街是一道明显的界限。在老北京，这条街有无形的分水岭的地理标志作用，它以南属于低等档次的了，上不了台面的。所以，八大胡同里的妓院虽然也有三四等甚至暗娼，但与一街之隔的铺陈市、四圣庙、花枝胡同里的老妈堂、暗门子下等妓院，还是有着本质区别的。当时，逛八大胡同，是一种身份和档次的象征，其意义有时并不仅仅是简单意义上的寻花问柳，而是有一种娱乐圈乃至社交圈的更为宽泛的意思在，超越情色之上，称之为泛娱乐化或泛情色化，是有一定道理的。所以，当年军阀曹锟贿选，袁世凯宴请，都是选择到八大胡同，和现在有的官员专门嫖娼是不一样的。

如今，在前门一带转悠，你常常会碰见如老舍先生小说《骆驼祥子》里那些拉三轮的车夫祥子们，拦住你的去路，拉着你的胳膊，指着他们的三轮车的车身上贴着的花花绿绿的照片，热情地对你说拉你到八大胡同转转吧。

八大胡同，在北京名气不小，特别是这几年，前门地区面临着拆迁，推土机日益轰鸣，位于前门地区的八大胡同的命运未卜，从前朝阴影里苟延残喘到了今天，不容易，可是，说没，没准儿就没了，也就是一口气的事情。北京的，外地的，甚至外国的，拿着地图，特意前来到八大胡同转悠的人增多，败落而凄清的八大胡同，比以前还要透着热闹。

娼妓制度，在我国有上千年的历史。一座城市，在过去的年代里，有妓院，就会有红灯区，妓院作为一种生意存在，便和任何生意一样，都是喜欢扎堆儿的，按照现在的说法，叫做规模化发展，生意才能够红火。在老北京的历史里，前门地区的八大胡同，只能够算做红灯区的后起之秀。最早出现的妓院，在元朝，不过，史料上并没有明确的记载，“花胡同”和“锦胡同”，倒是已经在元杂剧之中出现，但不知具体指的哪些条胡同，即便有特指，那些胡同早已不复存在了。那时也有勾栏字眼的出现，不过，那时的勾栏指的是民间唱戏说书演杂耍的地方，类似现在我们的庙会，并不是后来的妓院的别称。因此，“花胡同”、“锦胡同”到底是妓院丛生的地方，还是勾栏集中的地方，应该存疑。不过，元代红灯区在北京

肯定是存在的，据学者推测，那时的红灯区主要集中在北京内城的西城和北城，也就是现在的西四附近。比如，学者张清常教授就持这一说。

当然，这一说是有自己的道理的，因为北京城在元朝开始出现了街巷，北京现存的最老的胡同砖塔胡同，就是元朝的老街巷，在西四以南，是一条东西走向的胡同，民国时期，鲁迅先生和张恨水先生都曾经住过那里。在元朝时，砖塔胡同是一条非常繁华热闹的胡同，那一带，勾栏瓦舍，歌舞升平，常常是关汉卿出没的地方，因为那里是他的戏剧演出的好场所，来这里的人常常可以看到他。那附近出现红灯区，是水到渠成很自然的事情。现在还存在的粉子胡同（就在砖塔胡同南，很近），估计就是那时候的遗存。而砖塔胡同肯定是当时最热闹的红灯区中心地带。

据马可·波罗在他的笔记中记载，元大都当时有妓女两万五千名，和我们如今相比，这个数字肯定不算多，但在当时，确实不少，因为那时京城里的人才有多少啊？那时，这两万五千名妓女，可不是暗娼，或站街女，或发廊妹，那时的妓女，有的是艺伎。那时，每百名妓女，各设一名官吏管理；每千名妓女，再设一名更高层的官吏管理，如此有序的管理，为的是迎送外国使节，挑选上等妓女作为款待。这说明元代国家强盛的气派，对外开放对内搞活；说明元代的风尚，也说明元代对妓女的管理真是舍得花气力，远远胜过后代，尤其是清代的放任和泛滥。

妓院和红灯区在北京真正的出现，是在明朝，那时候，主要集中在内城的东城，已经从元朝的西边转移到东边了。这样的区域性的整体移动，和当时东边的商业发达相关，那时就有“东富西贵”一说，即东城商人多而富庶，西城官员多而高贵。这样说，不是说那时的官员就不狎妓玩乐，而是和任何政治制度之下的官员一样，都要蹓着点儿面子，虽是一肚子男盗女娼，却也要正襟危坐，所谓君子远庖厨，便让那些妓院都开在离自己稍微远的东城，商人就近水楼台，更让娱乐业促进自己的商业，两相发展，彼此得益，而如鱼得水。可以说，这是自有妓院和红灯区的历史以来，一种普遍的经济规律。

张清常先生曾在《胡同及其他》一书中专门考证："明朝街巷名称中的红灯区有：勾栏胡同、本司（教坊司，清代笔记把它视同勾栏）胡同、粉子胡同、东院、西院、马姑娘胡同、宋姑娘胡同等。勾栏胡同于民国改为内务部街，今沿用。东院、马姑娘胡同早已消失。西院全名为西院勾栏胡同，即今大院胡同、小院胡同、小院西巷。宋姑娘胡同即今东西颂平胡同。本司胡同、粉子胡同仍在。由此可以看出，明朝把它们命名时标明了它们是妓院所在。"

这里需要做一点解释，在北京胡同里，确实如张清常先生所说，是"明朝把它们命名时标明了它们是妓院所在"，在清朝有所变化和发展。在老北京的胡同名字，特别和妓院关系密切的，有这样几种：

一是勾栏：这是由唱戏的专用名词延伸出来的，自古以来，戏子是和妓女一样地位低下的，即使到了清朝，四大徽班进京之后，那些曾经名传一世的名角，当时都是住在八大胡同一带，和妓女为邻。勾栏和妓院，便一直关系暧昧，如勾栏胡同、西院勾栏胡同，一直延续到清代。

二是粉子：张清常先生解释粉子同本司，是教坊司，和勾栏一个意思。民间的解释，更为通俗，有好几个老大爷告诉我，粉子，就是脂粉的意思。清东城有分司厅胡同，是粉子的音的传讹，因为过去的朝代里，有教坊司一说，并没有分司厅这样的衙门口。有小年轻的调侃说，"粉子"就是现在"粉丝"一词，难道意思不一样吗？那时的名妓不都是也有众

多的追随者而趋之若鹜吗？

三是院：也是妓院的别称，比如当时著名的西院东院。当然，现在中国社科院的旧址贡院，另当别说，那是过去朝代礼部的遗迹，虽也叫院，但和我们这里所说的院不一样。

四是姑娘：凡带姑娘字眼的胡同，一般都和妓院有关，比如宋姑娘胡同、马姑娘胡同、马香儿胡同、乔英家桥等。而且这些带姓氏的胡同，据说当年都曾经过姓这个姓氏的名妓居住过。不过，张清常先生说的宋姑娘胡同，指的是现在的东西颂平胡同，在老北京，还有一条宋姑娘胡同，在我小时候的住家附近，位于东打磨厂和巾帽胡同之间，离崇文门不远。那是一条有些弯曲的小胡同，我有一个同学就住在那条胡同里，我常常到他家玩。那时的老街坊还常常鬼鬼祟祟地议论，那里曾经是娼寮之地，似乎还有她们的后代在那里住着一样。大概为了和东西颂平胡同的宋姑娘胡同相区别，这里改叫送姑娘胡同，一为“宋”氏的名词，一为“送”的动词，北京人的智慧大着呢，不尽的含义都在那里面了。有意思的是，为了对称，在它的北段改成了叫接姑娘胡同。“文化大革命”前夕，觉得这“宋”呀“送”呀“接”的都不好听，索性改成了莲子西巷。过去岁月里那些沧桑与故事，便这样被阉割了，如今，修新世界商厦和祈年大道，它已经彻底地消失了，一点儿影子都没有了。

五是堂子：这是南方对妓院的叫法，明初皇都移至京城之后，南方人大量移居北京，就和金陵便宜坊烤鸭移到了米市胡同一样，不少妓院也移到北京，在胡同里扎下根，便将那里的胡同改叫成了堂子。据说，明朝在京城一共有六个叫堂子的胡同，如赵堂子胡同，新中国成立以后还在。崇文区花市一代的上堂子胡同，我读中学的时候天天从它身旁路过，一直挺立到了上个世纪90年代，不知算不算这样的南方堂子之列。在崇文门内东单以南，新中国成立以后一直还在的镇江胡同、苏州胡同，是明显带有明朝南方移民的痕迹的，而明朝就有的那六条堂子胡同，有四条就在苏州胡同以北。那时这一带是北京城的城边了，因为出了崇文门，就是荒郊野外了。我猜想，这大概和最初南方妓女刚刚来京时候人生地不熟，一要扎堆儿居住地界便宜，二为南方人服务和照料方便相关，就和现在居住在北京城边的“浙江村”的道理相似。

八大胡同，其实在明朝就已经是妓女所在之地，当时的皮条营、胭脂胡同、百顺胡同和韩家潭，都有一些妓院，一代名妓玉堂春就住在百顺胡同和皮条营之间的苏家大院（遗址现在还在）。只是，一花不是春，独木难成林，那时八大胡同尚未成气候，中心便不在这里而被内城神气活现地独霸。八大胡同，最终能够取代了东西两城这些勾栏、粉子、堂院，而伸展了婀娜的腰身，形成了规模，独占了鳌头，是到清朝晚期之后。一条胡同，一块地盘，同一个人一样，也是有生命的，需要时间和时机，需要天时与地利，才能够让它应时应运，如梨花一枝春带雨般悄然绽放。在北京以后的历史中，再也不会出现如八大胡同一样的街区了，而且，它的地位与作用也和它的前朝前世迥然不同。

## 二　从相公堂子到徽班进京

有一个很有意思的问题，既然八大胡同在明朝就有了一定的基础，且有一代名妓玉堂春在那里坐镇，挂头牌，为什么到了清朝伊始之时，没有继续发展而蔚然成为气候，而是一直拖到了晚清时才又忽然想起了它，挖

掘旧墓一样重新开掘了它呢？

这得从清太祖进京之后立下的规矩说起，那时是禁止嫖妓的，特别是禁止官员嫖妓。康熙大帝立下大法：嫖妓的官员，为首者斩，从者发配到黑龙江；嘉庆皇帝也立下这样的法：嫖妓者，杖打八十，并将其房屋充公。一直到了光绪时，还有这样的法：嫖妓者，判以十五日以下十日以上的拘留，或十五元以下十元以上的罚金。

我们可以看出，那时候特别是清前期，由于这样的法律的存在，一方面说明，妓女并没有形成气候，八大胡同便也没有形成气候。另一方面说明，清政府的法律在逐渐地松动，为以后八大胡同形成气候与阵势，埋下了伏笔。

但是，即使清政府法律最严厉的时候，也只是禁妓，并不禁玩相公，所以那时的官员改玩妓女为玩相公，并且竞相攀比，相当厉害。官府和私宅养戏班子成风，在八大胡同一带，那时候相公堂子更是相当盛行。道光八年（1828）作的《金台残泪记》中，曾经记载当时八大胡同的情景："每当华月照天，银筝拥夜，家有愁春，巷无闲火，门外青骢呜咽，正城头画角将阑矣。当有倦客清晨经过此地，但闻莺千燕万，学语东风，不觉泪随清歌并落。嗟乎！是亦销魂之桥，迷香之洞耶？"如此兴旺的男妓或曰同性恋，在世界都是首屈一指的。

男色之风，始见于《尚书》，大淫于六朝，清代则是于它们的继承，当时不止一本书中记载说是："泣童割袖之风，盛行于今"，"京师士大夫，一时好谈男色，恬不为怪。"乾隆年间诗人蒋士铨曾作诗讽刺："朝为俳优暮狎客，行酒灯筵呈颜色。士夫嗜好诚未知，风气妖邪此为极……腼然相对生欢喜，江河日下将奚止？不道衣冠乐贵游，官妓居然是男子。"

《燕京杂记》中介绍那些相公的主要成分优童的来源时说：“京师优童者甲于天下，一部中多者近百，少者亦数十，其色艺甚绝者，名噪一时，岁入十万。王公大人，至有御李之喜。优童大半是苏扬小民，从粮艘至天津，老优买之，教歌舞以媚人者也。妖态艳妆，逾于秦楼楚馆，初入都者，鲜不魂丧神多。挟资营干，至有罄其囊而不得旋归者。”

《燕京杂记》中还记载了当时优童居住的地方，是非常讲究的，比日后的妓女的待遇要高：“优童之居，拟于豪门贵宅，其厅事陈设，光耀眼夺目，锦幕纱橱，琼筵玉几，周彝汉鼎，衣镜壁钟，半是豪贵所未有者。至寝室一区，结翠凝珠，如临春阁，如结绮楼，神仙至此，当亦迷矣。”可见那时的风气，这样的讲究，与其说是为了那些优童，不如说是为了那些贪恋相公的达官贵人。

所谓相公，是从“像姑娘”衍化而来，指的就是男妓。那时上等的相公，是非常讲究的。《清稗类钞》里专有记载，从小就要做一番特殊的打理和培养，成本比上等妓女还要高：必须挑选那些“其眉目美好，皮色洁白”的幼伶，大多来自苏杭和皖鄂一带，先要学戏三两折，学戏中女子的之语之步之态，然后，每天“晨起以淡肉汁洗面，饮以蛋清汤，肴馔亦极醴粹，夜则敷药遍体，唯留手足不涂，云泄火毒。三四月后，婉好如好女，回眸一顾，百媚横生。”“像姑娘”——相公，就是从此而来的。

最初的相公很多都是戏子，前面所说的优童，指的就是小戏子。《金台残泪记》中说：“京师梨园旦角曰相公，群趋其艳者，曰‘红相公’；反是者曰‘黑相公’。”

这样的传统，一直延续到清末，到了和珅和魏氏蜀伶传言甚盛，还可以看出男妓之盛。在这个时期之间，乾隆下江南，带回来四大徽班，而且

这四大徽班的主要演员，都落户在八大胡同。首先进京来的三庆班，住进了韩家潭；以后，四喜班住进了陕西巷；和春班住进了李铁拐斜街；春台班住进了百顺胡同。号称清同光十三绝的主要名角，大多也都住在八大胡同一带，如四喜班的老板兼须生时小福，住在百顺胡同；春台班的老板兼须生俞菊笙，王瑶卿、姜妙香的老师陈德霖也都住在百顺胡同，俞振亭和他办的斌庆社住大百顺胡同，就连后来梅兰芳从李铁拐斜街的老宅搬出，也在百顺胡同里住过，在我国首拍电影《定军山》的谭鑫培也在大外廊营盖上的西式小楼安居，那里就在韩家潭的身后，我猜想，大概是韩家潭百顺一带已经住不下，才另毗邻为居的，逐渐发展到它们的外围。所以，后来有民谚说："人不辞路，虎不辞仙，唱戏的不离百顺韩家潭。"

那时候，戏班子住的地方，被叫做"大下处"，和末等妓院被称为"下处"相比，只不过多了一个"大"字而已。说明那时候唱戏的戏子地位的低下，娼优是并列一起的，而且优还排在了娼的后面。在相公的花繁事茂的进程中，乾隆带回四大徽班进京，无疑起到了推波助澜的作用，四大徽班住进了八大胡同，和八大胡同原有的相公堂子相辅相成。八大胡同，才形成了规模，今天我们所见到的八大胡同的格局与走向，基本还是乾隆时的样子，并无太大的出入。

男妓成风，一直绵延到清末民初，民国时期周瘦鹃的小说《秋海棠》里军阀霸占西戏子的故事，是其回光返照。所以齐如山先生就一准儿地认为，那时"韩家潭一带没有妓院，可以说都是私寓"。私寓，过去叫白了叫"相公堂子"，当地人们的白话说是玩"鸭子"，其实就是同性恋的地方。齐先生的话应该是属实的，因为京剧名宿田际云在 1911 年和 1912 年，先后两次呈文政府，要求取消韩家潭的相公堂子，说明韩家潭确实是男妓丛生之地，一直到民国初年了，还相当的猖獗。据说，韩家潭的相公堂子，大门里面挂有一盏角灯，灯内绛蜡高燃，乌金西坠一般，很是特别，只要一看有这种灯，必是相公堂子无疑，那是它的招牌。

可以看出，如果说明代即有了八大胡同的影子，还是因有玉堂春这样的妓女存在而打下了基础；到了清代，八大胡同的最初兴盛，首先得益于相公，而不是得益于妓女。妓女真正占领了八大胡同并成为了八大胡同的主角，是在光绪中期之后的事情了。因为那时对于嫖妓的惩罚，拘留十来天，罚金几块钱，已经是流于形式，形同虚设。法律的松动，政策的调整，风尚的变化，供需关系的市场自然法则，让八大胡同渐渐地成为了妓女的天下。

## 三　销金窟、风流地、时代的凹凸镜

当然，如果细分析八大胡同的形成与发达，并不仅仅因为乾隆下江南带回四大徽班之后相公堂子发展的带动那样的简单和外在，它还应该有其独特的历史原因。

其中主要的内在原因在于清朝为稳固自己的统治，在顺治五年（1648），下令居住内城的所有汉民官员一律迁到外城去，每间房子折合银子四两；以后在康熙十年（1671）又禁止戏园茶肆酒楼饭店和妓院在内城开设；于是，汉人住的会馆、宅院，开的买卖、茶园、戏楼，都集中到了前门一带。商业的发达，名人的聚集，这些娱乐业便自然要投其所好，也都开在了前门外，离着皇城最近的地方。八大胡同，才日益兴盛了起来，由它所繁衍的悲欢离合、喜怒哀乐的故事，才不紧不慢地展开了它

的画卷。

我们可以从中看到政治与经济的因素起着很大的作用。鸦片战争之后，口岸通商，外国资本主义长驱直入，进一步刺激着商业的发达，直接影响着娱乐业。1906 年，慈禧太后修建了前门火车站，全北京的交通中心在前门，下了火车，离八大胡同只有一步之遥，来去更为方便。由于清政府的软弱，外侵内患，焦头烂额，让政府已经管不过来了，当然，就更顾不上自康熙爷禁妓的明令严律，下面自然更是走马章台，寻欢作乐，世纪末的及时行乐的享乐主义靡靡之风盛行，风气败坏，道德沦丧，连同治皇帝都热衷于微服私游去逛八大胡同宿娼嫖妓，致使他染上花柳病而早亡。就难怪当时有人作诗讽刺大才子袁枚八十岁高龄还要狎妓了：八十衰翁用白粉，惜花心在老逾殷；哥舒半段枪无敌，专救人间娘子军。

可以看出，经济的发达和政治的衰败，都从不同的方面促进了八大胡同的发展。八大胡同的畸形发展与畸形的经济、政治相辅相成。八大胡同开放的是朵莎乐美一般的恶之花。

这样暖风熏得游人醉的辉煌堕落的场景，一直延续到了清末民初，达到了八大胡同的鼎盛时期，成为了它自己的骄傲。不过，以为这种骄傲，仅仅是香艳的肉欲，是对于八大胡同的误读，在八大胡同的形成发展过程中，它的意义早已经远远超越了世人讽刺袁枚的那娘子军之例。不看别的，仅看民国初始，袁世凯梦想复辟当皇帝，贿赂国会议员，不选六国饭店，也不选京城有名的饭店八大楼中任何一家，偏偏就专门选在了八大胡同，可见当时八大胡同的地位非同小可，不是一般大饭店酒楼所能媲美。而当时的参议两院号称五百罗汉的议员，每人每月薪金是两百银元，那时买一袋 44 斤的白面才要两块银元，他们有足够的银两去任何一个地方挥霍，却偏偏也爱选择到八大胡同来，那也不仅仅为了发泄自己的肉欲，更多的是和袁世凯一样为了政治的利益而疏通人际关系，八大胡同，成为他们的社交会所，成了他们另一处的办公地。

同样，那时大栅栏里的商家，哪家不和八大胡同有着明铺暗盖的关系，那也不仅仅是为了自己寂寞时分的挑灯夜语或脂粉撩拨，或为了自己纳妾私设外室的方便，更多的是为了笼络客户而达到的经济利益和关系网络的铺设，八大胡同里的妓女，是他们招待客人的一道菜，是他们经营策略或手段的一张牌。除了说明大栅栏和八大胡同相互依存的关系，这也是当时商业的真实状况的写照，为了惨淡经营而不得不这样无所不用其极，谁让大栅栏和八大胡同挨得这么近，占着天时地利人和呢？所以，那时大栅栏的商人也抱怨说，大栅栏里干一年，不如八大胡同干一天。这话说得有些夸张，不过和如今说的“辛辛苦苦干一生，不如脱下裤子几分钟”有着相似的反讽意味在。

那时候，提起八大胡同，确实透出的底气都与众不同，有人指着客人说：今晚我请客，去八大胡同！或者有人指着马车或后来的洋车说一句：去八大胡同！那声调不同寻常得很，意味深长得很，并不像我们如今叫上客人到歌厅或洗脚坊或洗浴中心那样兴冲冲赤裸裸专奔性而去一样。

八大胡同，不仅仅是销金窟、风流地，它同时也是那个时代经济文化和政治的一面凹凸镜。要想了解老北京的历史，哪里能够迈过它？

# 第二章　八大胡同鼎盛时期的流金溢彩

## 一　北地胭脂难敌南朝金粉的入侵

八大胡同真正形成规模、日益走向繁茂鼎盛，应该是从清咸丰中期开始，到光绪年间完成的。

这期间，妓院的规模与规矩都已经形成。当时政府许可存在四类妓院，被分门别类命名：

一类为头等妓院，原名叫“堂”，又叫“大地方”，“堂”的叫法，是从明代而来的古称。“清音小班”则是后来出现的南方班的头等妓院的专称。

二类为二等妓院，原名叫“中地方”，后称“茶室”。

三类为三等妓院，称为“下处”。

四类为四等妓院，称为“小地方”。

这和当时上海对妓院的分类基本一致，只是叫法不同。按照赛金花的说法，上海的一等妓院叫“书寓”，“××书寓”，那里的妓女必须要会唱

"楼会"、"思凡"、"长亭"或"化蝶"之类的小曲；二等妓院叫"长三"，"××寓"，和一等妓院的"书寓"相比，少了一个"书"字，妓女不必唱小曲，但得加一个茶碗，要品茶的；三等妓院叫"么二"，牌子挂"××堂"；四等妓院叫"花烟馆"或"野鸡处"。

给妓院定职称或级别，从政府角度，是为了便于管理和税收；从嫖客的角度，可以根据自己的腰包和身份，看人下菜碟；从妓女的角度，是她们的水平和价码。

当然，一等妓院的讲究最多。妓院大门一般由砖雕装饰，有匾额书写店名，或在乳白色灯罩上用红漆写的店名（且都是当时社会名流的题字），门楣上挂有写着妓女花名的花牌。没有电灯的时候门前有油灯或汽灯，都得是镂空的玻璃灯罩，光绪三十二年（1906），有了电灯，一律换成了明晃晃的电灯。更讲究的，门两旁有的还有对联镌刻在砖雕上面，门前有的还有牌坊。那劲头，一点不比大买卖人家的差。

一等妓院里，每位妓女都有自己单独的房间，房间摆设要讲究，最早的是红木的中式传统老床，后来有了席梦思软床，金铜床架，雕镂挂络；还得有各种各样应时应令的摆设，成龙配套，和那些大家闺秀一样的讲究；更讲究的，墙上还得挂有当时的名人字画（有的就是客人自己送上门来的），讲究的就是一个调情的氛围，而不是那种下等妓院里进屋脱裤子立等可取一般的快餐。

这里的每位妓女，还都要有自己的一位跟妈儿，是专门伺候她们的饮食起居的，像贴身保姆一样。那些跟妈儿，都是三四十岁的中年妇女，有些便是以前的妓女，年龄大了，退居二线，她们麻利，而且熟悉妓院的规矩，善于察言观色，一般又有一定的徐娘未老的姿色。这里的妓女当然就

更需要姿色，还要粗通文墨，能够唱小曲，有的还会诗书琴画。这是妓院中的最高级别，相当于妓院里的博士后，下面的几等都无法和她同日而语。但是，二等里面的“茶室”，我以为另当别论，因为即使现在看八大胡同里尚存的“茶室”，从外观上看，一点不比头等妓院的差，依然很气派，而且都是一些洋味很足的建筑。所以，也不能仅从级别或职称去看人。

根据光绪年间的统计，八大胡同里一共有 373 家，其中一等和二等妓院有 178 家，占了全数的近一半，这个比例相当不小。

八大胡同里的妓女数量在增多，且北上的南妓也在增多，无形中增添了八大胡同的色彩，加速了它的繁荣。

南妓的出现，赛金花曾经说她自己是第一位来自南方的妓女，这样说其实并不确切。第一位来自南方的妓女叫素兰，湖北广陵人，戊戌变法之后来到北京的，当时名噪一时，不少官宦子弟愿意去她那里捧场。应该说素兰比赛金花早来了北京几年。但是，赛金花说“京里从前是没有南班子的，还算是由我开的头”，这话是对的，她开的金花班，确实是京城的第一家南方班。据说，她的南方班开张的时候，挂一块朱字铜牌，插了满门的金花和彩球，从此，窟号销金，城开不夜，轰动当时的京城。

在这一点上，赛金花确实为八大胡同开一代风气之先，一时间，南朝金粉，飞鹭流莺一般，纷纷落户这里，和北地胭脂打擂。曾有一首竹枝词专门写这样的情景：彩烛光摇满脸红，胭脂北地古遗风，南朝金粉唯清淡，雅艳由来迥不同。

南方班的进军北京，落户八大胡同，提升了八大胡同的档次，也相应改写了当时的一些规矩。那时候，到八大胡同里一等和二等妓院里来的，并不能够像后来电影里演的那样，妓女出来站成一排，你点了花名之后，就可以勾肩搭背，打情骂俏，甚至立刻就进屋上床，拥怀入寝，去颠鸾倒凤。必须要一系列的规矩和程序，听曲喝茶，是必不可少的；谈天说地，也是非常需要的。所以，赛金花后来在回顾往事时曾经说过这样的话："当姑娘最讲究的是应酬，见了客人要'十八句谈风'。陪客时，处处都要有规矩，哪像现在'打打闹闹'就算完事。"

《清稗类钞》中说："客人入其门，门房之仆，起而侍立，有所闻，垂手低声，厥状至谨，俄而导客人入。庭中之花木池石，室中之鼎彝书画，皆陈列井井。及出则湘帘一桁，纶茗清谈，门外仆从，环立静肃，无耳语声，无嗽声，至此者俗念为之一清。"说是"至此者俗念为之一清"，是夸张了，但那种讲究，确实是南方班带来的，是八大胡同以前所未曾有过的规矩。

在《长安客话》中，专门有诗对比南方班后讽刺北方班：门前一阵骡车过，灰扬，哪里有"踏花归去马蹄香"？棉袄棉裙棉裤子，膀胀，哪里有"佳人夜试薄罗裳"？生葱生蒜生韭菜，腌脏，哪里有"夜深私语口脂香"？开口便唱"冤家的"，歪腔，哪里有"春风一曲杜韦娘"？开筵空吃烧刀子（北京的一种烈性白酒），难当，哪里有"蓝陵美酒郁金香"？头上鬏髻高尺二，蛮娘，哪里有"高髻云鬟宫样妆"？行云行雨在何方，土炕，哪里有"鸳鸯夜宿销金帐"？五钱一两等头昂，便忘，哪里有"嫁得刘郎胜阮郎"？这样贬斥北方班，也实在是夸张，北方班也不全像他说的那样丑陋不堪，百顺胡同里的松竹馆，便是北方班的一面旗，不比一般的南方班差。但不可否认，南方班初来八大胡同时，艳帜大炽，确实让那些人耳目一新，生意很是红火。

当然，所有的这一切，是要花钱来说话的，衣袋里没有揣满足够的“兵力”，一般人是不敢问津的。那时有竹枝词说：一到先呼姑奶奶，本家姊妹各装烟，猜拳代酒无他分，片刻花钱十二千。《北平风俗类征》转引《新燕语》说：“庚子乱后，南妓麕集，相公失权，于是，八大胡同又为女子所享有，酒食之费，征逐之多，较之昔年，奚啻十倍。”想想，价钱翻了十倍，也实在是够惊人的。南方班眉狐眼魅，腰柔态轻，却也心够狠，牙敢开，张嘴就要个大价钱。

还有一项规矩，也是需要钱来打点的。指的是节前节后，嫖客都得是要来拜礼节的，不能是一次性的买卖，你买春之后就掉屁股走人，再不见人影（那是以后被称为“单洋客人”，意思是付过一块大洋，干完事就走人。在民国时期民社出的《北平指南》中，说这样的客人“春风一度，即劳燕东西，不复重游，此中视为奇辱”。）中国传统的三大节：春节、端午和中秋，要来给妓女捧场，茶资小费加倍，这叫“上车”；过了节之后，还得来拜，同样地茶资和小费加倍，这叫“下车”。这样和妓女认识多日并来往之后，也就是说，以前你一次又一次付的茶资和小费，加起来的数量够了“开盘儿的钱”，你才能够赢得美人心，抱得美人归。这叫做“住局”。看起来，有些繁文缛节，却是八大胡同的规矩和特色，这样的规矩和特色，也可以说是中国封建社会上等妓院的特色的一种繁衍。

在这样的基础之上，嫖客才可以叫妓女出台陪客，帮助自己的社交生活。所以，大栅栏里的那些商人，想召妓陪客，是先得付出这一番代价的，方才能够火到猪头烂，功到自然成。

一般妓女是不出台的，以往妓女出台被视为下贱。召妓，也是有讲究的，分别为“叫条子”——“应条子”——“出条子”（也叫“干条子”）。这样的程序是不能变的，每一道程序如上的每一道菜，需要付每一道菜的钱，所给的钱叫“条子钱”。如果是随友人一起来认识朋友熟识的妓女，叫做“借条子”；如果是经友人介绍的妓女，叫做“荐条子”。当然，这些规矩，都是日后逐渐发展起来的。最初，无论属于哪种“条子”，写条子的纸，都是有讲究的，得像如今用请柬一样，里面装的是薛涛笺。

1907年，在李铁拐斜街（现铁树斜街）上开办了北京城第一家女子浴所，这家浴所叫做“润身女浴所”，解决了妓女的洗澡问题。因为千百年来，良家妇女也只能在家里沐身，不能到街上洗澡的，就更别说妓女了。这家“润身女浴所”，是由当时八大胡同里一家清音小班里的一个妓女创办的，她叫金秀卿，是一位当时的名妓，曾经获得当时妓女选秀活动中的状元，她深知妓女洗浴的困难，才在靠近八大胡同的李铁拐斜街开了这家女子浴所（现铁树旅馆），它的旁边不远，也就几步道的距离，便是陕西巷，方便得很。因此，这家“润身女浴所”，可以说是专门为那些上等妓女开设的，据说，里面很讲究，有土耳其蒸汽浴，还有专门从法国进口的各种化妆品。

可见，当时妓女洗澡都是格外讲究的，有保证的，说妓女脏，是指那些下等妓寮里的人。如今，这家“润身女浴所”还在李铁拐斜街上，它一直经营到北京城解放，八大胡同被封闭了，它还继续开着。我在王寡妇斜街（现棕树斜街）上，还看到一家叫做一品香浴浴池的，但肯定是在它之后办的，不过，说明继它之后，这一带浴池增多，不仅让妓女洗浴的条件改善之外，也带动了附近居民洗浴条件的改善。

妓女年老色衰之后的归宿，那时候和后来也有很大的区别，尤其和民

国晚期妓女悲惨的结局相比，差别更大。那时候，一般妓女的出路有这样几种：一是被人相中，赎身而从良嫁人，或为人妾，或为人妇，不管怎样，少年纨绔多情意，但得从良值万金，是当时妓女最好的出路了。前面说的那位创办“润身女浴所”的妓女金秀卿，便是从良后和一位琴师结了婚。一是将从妓多年以来积攒在箱子底的积蓄拿出来，自己开一个店铺，过着小本买卖的生意人自给自足的生活。不过，不少妓女是照葫芦画瓢，自己也投资开一家妓院，买几个年轻的妓女，自己当老鸨，后期的赛金花走的就是这条路。一是根据自己的长短处，或以前曾有的能歌善舞的一技之长当曲师；或留在妓院里当“房老”，即女佣或领班；或当服侍新来的年轻妓女的“跟妈儿”。

在这里，还应该说一下妓女死后的葬身之地的问题。在八大胡同之南，也就是南横东街上，即现在中央芭蕾舞团的对面的位置，有一座明朝古庙，叫都城隍庙，在康熙年间改名为南方城隍庙。之所以改成这个庙名，是和南方班进京有关联。在京城，南方妓女的增多，死后一般都埋在这座庙边上的一片洼地里。以后，前来为自己姐妹扫坟的妓女，也就顺便祭拜一下这座庙。崇彝在《道咸以来朝野杂记》中曾经专门记载：“江南城隍庙，在南下洼。庙外为丛葬处，大凡妓女死去多葬于此。故每岁清明、中元二节，妓院多去焚纸哭奠，亦兔死狐悲之感，因而其他游人，亦趋之若鹜。”这是京城唯一一所和妓女关系如此密切的庙，被称为妓女的义冢，附近有老人干脆把这座庙叫成了“妓女庙”。据说，江南人死后要到这庙里领牒之后，魂灵才能够南归落叶归根。每年阴历十月初一，是妓女专门为死去的妓女烧纸祭奠的日子，一时庙里庙外香火缭绕，纸烟如黑蝴蝶一样弥漫。那时的江南城隍庙，因妓女而有名，它的没落和凄凉是到了民国晚期，随着八大胡同一起的衰落而荒漠，成为了妓女的荒坟野鬼的野地。

不管怎么说，从妓女那时的规矩和讲究，从妓女那时的归宿，即便是妓女死后，也有专门埋葬她们的地方和专门祭奠她们的寺庙，可以看出，鼎盛时期的八大胡同妓院和妓院都还是比较稳定的，一池活水，在不断的吐故纳新之中，周而复始地运转着她们自身的生命力和生物链，维持着八大胡同的生态平衡。

## 二　八大胡同的反攻倒算

不过，这里所说的只是清末民初鼎盛时期的八大胡同，在以后特别是民国中期以后的八大胡同，在急速发展的过程中，颇有些萝卜快了不洗泥一样，数量与质量并不是成正比。

当然，我们今天这样来谈论所谓妓女的水平，并不是现在世俗意义上诸如长相身材或性技巧等方面对妓女的评头论足，而是从青楼文化的角度来探讨妓女的水平，看待一个时代的投影。因为在青楼文化中，昔日妓女真的和现今的不一样，那时的妓院也不仅仅是争逐性欲的风月场，而是兼有文化沙龙、商业交往，乃至政治的起承转合的场所，情色只是它的一面鲜艳的外衣，或者只是一种功能而已。明白了这一点，便会明白在我们民族历史的传说和传统中，妓女的形象为什么和现在流行的妓女形象不尽相同，为什么会出现如红拂夜奔，协助李靖成就了开国之大业；为什么会出现李师师，冒险为燕青巧做安排，让他和宋徽宗在自己的闺房中会见，成为了巾帼中的英雄；又为什么陈圆圆能够被后人叹为“恸哭六军皆缟素，

冲冠一怒为红颜”。这些一般女人都难以甚至根本无法做到的事情，却奇迹一般发生在昔日妓女的身上，往往是所寄托的人们的情感，超越了一般道德意义上的评判，也不是一般风花雪月所能够比拟和企及。从青楼文化意义上，来考察八大胡同，也许才会让我们的眼光开阔一些，而不仅仅囿于暧昧的情色之间。

我说八大胡同在从咸丰到光绪年间完成了自己的形象，成长到了自己的顶巅的过程中，并没有达到以往青楼文化的顶巅，仅以清代相比较，清代妓女的质量最高在清中叶。那时期的妓女的文化水平和艺术水平都很高。这和自唐宋以来宫廷重视的传统有关，那时妓伎通用，艺妓不分家，还有专门的机构负责管理，人们对待她们的态度，和我们现在看待妓女是不一样的。只有这样来认识，我们才会对琴棋书画俱佳的柳如是有所认识，明白清初的才子兼重臣钱谦益为什么说死说活非要娶柳如是不可；也才会明白为什么在我们古典文学的画廊里，有了一代色艺绝代且气节逼人的李香君的故事，演出她的戏剧《桃花扇》常演不衰；也才会明白清初的礼部尚书龚鼎孳，为什么在其爱妾金陵名妓顾横波死后，出重金在长椿寺旁特意修建妙光阁，并情意殷殷地祭诗云：“化为魂归无色界，悲来佛是有情人”，居然将佛和一个妓女相提并论。

那时候的妓女，和现在穿着露点的装束，一手交钱一手交货一般的妓女，确实不完全是同一个概念。

那时候的妓女不少如柳如是、李香君或顾横波一样能诗能画，并且有着一般女人都没有的气节和骨气，并不仅仅靠出卖色相，也不仅仅只图高官厚禄，像我们现在被包的“二奶”似的，如金丝雀一样，只会躲在笼中撒娇卖相。

那时候的妓女可以演出李渔改编的连台本的《游园惊梦》。清珠泉居士著的《续板桥杂记》中这样描写舞台上的她们："含态腾芳，传神阿堵，能使观者感娱目心，回肠荡气，虽老使师，自叹弗如也。"

难怪乾隆爷都要亲自召见她们并款待她们。而文人更是为之题诗赠画，这在清《画舫录》上都可以查到。

这样的传统一直延续到清末，我们也就容易明白，同治戊辰科一甲一名的进士、后当过欧洲四国大使的洪钧，当年为什么在苏州一眼看中了赛金花。看中的是赛金花的色艺双全，才把她娶进门来，而且如正室夫人一样带着她出使欧洲四国，也才有了后来德国攻进北京城烧杀抢掠中面对德军元帅瓦德西时赛金花的出色表现。换作现在任何一个妓女，行吗？

可是，到了后来小说《孽海花》中，赛金花变成了和仆人勾搭成奸，一起合唱下流小曲《十八摸》，故意从楼上甩下珠玉头簪勾引他人的形象。

也许，这时候赛金花的形象，就已经是八大胡同与后期下跌的形象了。赛金花在八大胡同，是她自己也是八大胡同质量急剧下滑的象征。妓女，便也从古典急剧滑落到现代，现代妓女的形象，是倚门卖俏，是旗袍开衩到大腿，一手叼着香烟卷一手拽着你的衣角甚至你的要害处，是和金钱和花柳病相连的形象。上等的，是曹禺《日出》里的陈白露的形象；下等的，是老舍《茶馆》里的小丁宝的形象。

不过，到了这个时候，八大胡同已经快到了尾声。它的鼎盛时期，也就是我们所说的从咸丰到光绪年间，还不是这样子的，尽管和清中期已经无法相比，却毕竟保存着一定的历史延续性，南北的妓女的构成，以及出

入八大胡同的人员，毕竟也还都保持着以往遗存下来的传统，前者并非仅仅是为生活所逼而走投无路的贫苦妇女，后者也不仅仅是为发泄性欲而来的地痞流氓或军阀官僚。

这一点，我可以简单做一点具体的说明。后者，从崇彝的《道咸以来朝野杂记》一书所作的记载，就可以作为佐证。他曾为我们列举了一串名单："咸同以来，京城诸贵公子，多以轰饮征歌为乐。据予所知，以钟石帆方伯秀之子文兰畦。舒溪制府之死公子崇龄（即瑜太妃之父），松龄、惠年、益龄，及景星桥，征蓉塘兄弟为最。"

后者，从新中国成立初期查封八大胡同妓院时候所做的统计，还可以看出来一些前朝的影子来，即使到了那时已是它奄奄一息的尾声了，真正雇农做妓女的只占0. 1%，贫农当妓女的占1. 7%，而地主、官太太、学生当妓女的分别占0. 2% 、3. 6% 和 0. 1%。

这样来说，没有其他的意思，只是想从一个侧面说明八大胡同鼎盛时期人员身份的组成，并不是和我们在政治时代里以阶级划分，或者我们在影视中所看到的景象由此而想象的那样简单。同时，也想说明鼎盛时候的八大胡同与后来衰败的八大胡同，也不尽相同。

那时候的八大胡同，确实因这样两色人等的相得益彰、相互促进，彼此使劲，而造就了它的辉煌，是以后的岁月难以再现的。

《清稗类钞》曾经记录下那时八大胡同的辉煌："道光以前，京城最重像姑（即男优），绝少妓寮……咸丰以来，妓风大炽。胭脂、石头胡同，家悬纱灯，门揭红帖，每过午，香车络绎，游客如云，呼酒送客之声，彻夜震耳。士大夫相习成风，恬不知怪，身败名裂，且有因之褫官者。"

胭脂、石头，只是八大胡同中的两条，因此，我们可以窥一斑而见全豹，如果不是书中这样记载，我们现在真的很难想象当初那里的红火程度，居然每天刚刚过了中午就开始游客如织，门庭若市；而且，已经开始高声送客，在迎接第二拨的客人了。

从咸丰之末到光绪之初，这中间不过一二十年的时间，让八大胡同积攒了经验，积蓄了力量，网罗了人气，吸纳了势力，而羽毛渐渐丰满起来。这真是它的爆发期，像暴发户一样迅速地发达起来了。

于是，八大胡同，觉得自己有了底气，有了资本，不满足于眼前的地位和态势，想要发展，扩充自己的地盘，更想要把原来老北京在东西城曾经占有而后来失落的红灯区，像收复失地一样，重新夺回来。它不想自己“一夜恨不高千尺”，却也不想自己只是“小荷才露尖尖角”。

它开始了它的反攻倒算。

这样的反攻倒算，有两次，在八大胡同的历史中，是绝无仅有的两次反攻倒算。

一次是光绪之初，当时妓院开始蔓延回流到了西城的砖塔胡同、钱串胡同、三道栅栏、小院胡同、玉带胡同一带。这是自元代就有老红灯区，因后来逐渐转移东城，也因顺治帝坚决把汉人驱逐出内城，而彻底败落。哪里想到会有这样一天，八大胡同的潜在力量，让它重见天日，杀了一个回马枪。据说，一时宗戚朝臣，名士商贾，趋之若鹜。

一次是光绪二十五年，妓院再次重新杀回西城，从传统地带砖塔胡同，这回往南占据了口袋底胡同。据说，那时口袋底有大小玉凤的名妓，被当时的达官贵人胜克斋和征蓉塘所包，一时地以人名，让口袋底的声名越发大震。这一次声势比上一次更为浩大，而且妓院相对集中，成珠成

串，卖淫卖唱，此起彼伏，声浪不绝。那情景，因有了在八大胡同的演习和磨练，轻车熟路而显得有恃无恐，全无了以往岁月里的能诗会画以及唱全本《游园惊梦》的斯文与雅致。

当然，这是不能为当时清政府所能够容忍的，心说让你们在外城八大胡同里去闹就不错了，你们却蹬鼻子上脸，越闹越不像话了，居然自以为是，反攻倒算，跑到砖塔胡同不说，还跑到口袋底来了。这便是历史中有名的“口袋底事件”。砖塔胡同，成了那时不容侵犯的一种有些让人啼笑皆非的象征。

这样，八大胡同的两次反攻倒算，都以短暂的胜利、最后的失败而告结束。

第一次，是由御史张元奇指参而被清政府尽数驱逐内城，又返回八大胡同。

第二次，是由步军统领载澜出面禁止而驱逐内城，再次返回八大胡同。

八大胡同，彻底安稳踏实了下来。它明白了，自己取代不了别的地方，但别的地方也取代不了它自己了。

就是在这第二次的回合之中，拔出了萝卜带出了泥，阴差阳错地把赛金花捎带上了，让她和八大胡同紧密地联系在了一起。让后场的她成为了八大胡同的一个主角。当时从天津初到北京的赛金花，开始住在八大胡同边上的李铁拐斜街挂牌接客，但她嫌那里吵，便搬到内城刑部街后面的高碑胡同。那时是光绪二十五年（1899），谁想到，正赶上“口袋底事件”，不仅砖塔胡同不允许妓院存在，所有内城都不允许设户立班。没有办法，赛金花虽然那时生意正火，也只好先回到天津，权且栖身。日后和大多数从内城又迁回八大胡同的妓女一样，也在八大胡同里的陕西巷落户而重张艳帜，是庚子年间的事情了。

不过，那是后话，容当后叙。

# 第三章　清末的八大胡同：还原赛金花

## 一　八大胡同中四大名妓的头牌是谁

这一章，来说说赛金花。

可以说，如今提起八大胡同，就不能不提赛金花。

其实，八大胡同里名妓并不仅仅赛金花一个，苏三、陈圆圆、小凤仙，和赛金花都在八大胡同里住过，都是齐名的，曾经号称八大胡同四大名妓。

除了她们，乾隆下江南时候曾经宠幸过的昭容、雪加，并将她们带进京城，一时名气也不小。

清庚子之前，八大胡同是北方班的天下，当时有民谚："六部三司官：大荣、小那、端老四"；九城五名妓："双凤、二姐、万人迷"。

前面那三位，是当时有名的嫖客；后面这三位，都是当时的名妓，双凤指的是二凤和三凤，她们是名门之后，只是父亲病故之后，家道中落，不得已而跌入娼门。因其不减当年名门闺秀之风，加上机巧灵敏，善于察言观色，懂得何时施展情色，便越发的风情万种，颇得人缘。后被人用七万两银子赎身而双双纳妾。

万人迷，曾是都统的一位丫鬟，和仆人私通后被赶了出来，无路可走，投身石头胡同的妓院，因其长相出众，又有过大户人家的历练，举手投足，都有着那么一种与众不同的范儿，便渐渐有了名声，京城阔少争先恐后地来看她、泡她，内务府的一位郎中为了她，还倾家荡了产。所以，人们给她起了这个万人迷的外号，可谓人见人爱。传说，她人在八大胡同，心里还一直惦记着都统府里那位初恋情人，她在接客的时候，曾经得到过四块金石，还偷偷地把其中一块给了都统府里的那个仆人。只是那个仆人不争气，没有足够的力量让万人迷演出一场红拂月夜私奔的好戏。

庚子之后，南方班大量进驻八大胡同，据说那时有名者由谢珊珊和苏宝宝两位挂帅。听听这名字，珊珊和宝宝，与二凤、三凤、万人迷，就透着不一样的劲儿，南国气息便扑面而来，一股绵软的劲头让许多北京的男人香酥了骨头。两位都是色艺双全，体态玲珑，肤色姣好，自然备受宠爱。谢珊珊是江苏人氏，苏宝宝是上海浦东人氏，当时各有王公贝子的追逐，事情闹大了，前者曾经受到过御史张元奇的奏参，而后者苏宝宝拉络上的是庆王府里庆二爷，倒一直逍遥自在，让自己跟着八大胡同一道出名。

不过，即使当初何等风流风光，现在，谁还记得住这些人的名字呢？人们记住的，还是苏三、陈圆圆、小凤仙和赛金花。其中，赛金花是最重要的主角之一，说她是这四大名妓的头牌，也许并不为过。

这样来说赛金花，是因为没有一个名妓能够比得上她身世浮沉、命运跌宕的了，她和前清状元郎洪钧的关系，和八国联军中德国元帅瓦德西的

传闻，以及她和德国公使克林德夫人的传奇，都有着八大胡同里其他任何一位名妓没有的魅力。人们对她的好奇，乃至关注，便是自然而然的，她的声名超越风月场上而荡漾在政治的历史之中，便也是绝无仅有的了。

于是，无论民间的传说，还是文人的创作，赛金花都是取之不尽的素材和蓝本。早在1899年，也就是庚子之前，尚没有传说中的赛金花与瓦德西之染时，就有清末名士樊增祥写的《前彩云曲》和《后彩云曲》（显然是模仿吴梅村写陈圆圆的《圆圆曲》）。之后又有曾朴的《孽海花》和《九尾龟》。上个世纪30年代的抗战时期，夏衍先生又写作了话剧《赛金花》。新中国成立以后，以赛金花为主角的各种著作，又有包括国内著名小说家张弦和海外作家赵淑侠所写的小说和传记等多种。可以说，在中国众多的名妓中，没有一位能够赶得上赛金花如此受到人们的青睐、关注和研究的，她已经日渐成为了一种显学。

我们也就不会奇怪，在上个世纪的30年代，为什么江青非要和王莹争演夏衍的那部话剧《赛金花》中的主角赛金花不可。以致波澜延续到了“文化大革命”之中，王莹因此而遭到江青的迫害，入狱而最后死在狱中。

于是，赛金花便不再仅仅是赛金花本人，更不仅仅是在八大胡同里人们惯常见到的，在那种妓院翠暖红酣、玉笑珠香中施展自己的腰身，她便不是欲的高潮，性的迷谷，色的诱惑，或妖姬的化身，她成为了一面多棱镜，照见了她自己的身影，也照见了当时的政治与历史。按照美国学者王德威的解读，这叫做“身体政治”，或曰“情色政治”。他说：“我们还能够找出比赛金花更为奇诡的情色政治范例吗？……义和团之乱中，盛传赛金花与德国元帅瓦德西伯爵有染，使她名噪一时。按照这一神话，她的这段露水姻缘使千百万中国百姓幸免于八国联军的劫掠。一名妓女淫荡的身体，成为救赎中国的法宝。这桩传奇对上世纪文化与政治有深远的影响，甚至及于‘文化大革命’。”

正是因为赛金花有着如此的魅力和多义性，又在坊间有着这样多种版本的流行，人们很希望知道真相到底是怎么样的，赛金花本人又到底是怎么样说的。据说，最早蠢蠢欲动这样想法的人有很多，真正实践的第一人，则是北平中法大学的法文教授陈伯平先生。他的父亲陈壁在清末做过御史，和赛金花相识，给了他采访和写作的便利，当时他看到有北京的小报记者采写晚境中赛金花的消息，便想为赛金花写一本法文本的传记。这个消息被当时北京大学的教授兼诗人刘半农先生知道了，觉得这样的赛金花传记怎么能够先让法国人知道，怎么也应该先让中国人知道才行，便找到他的学生商鸿逵，让他和自己一起抢在陈伯平先生之前，先写成赛金花中文版的传记。刘半农先生认为，在晚清史上，赛金花是和慈禧太后相对位的重要人物，他说“赛金花和叶赫那拉可谓一朝一野相对立”。这是刘半农先生的高明之处。

刘半农先生对商鸿逵定下这本传记一定要避开演义，采取赛金花口述，他和商鸿逵笔录的形式，强化它的真实性和可靠性。于是，刘半农一方面与当时琉璃厂的海王村的“星云堂”书店谈妥，由“星云堂”负责出书，先支付五百元的前期投入，主要支付请赛金花吃饭的饭钱和赠送赛金花的采访费用（那时赛金花的生活已经潦倒）；另一方面，刘半农找到郑颖孙先生，请他出面约请赛金花接受他们的采访，因为郑颖孙先生是当时的古琴专家，以前和赛金花认识，有面子可讲。最后说好了，每周两个半天，怕赛金花睡懒觉，早晨醒得晚，都定在下午，汽车接送，每晚备有

晚餐，采访地点在郑颖孙先生家，他家在东城隆福寺西口附近。一共谈了八九个半天，采访算是完成了。不幸的是刘半农不久病逝，年轻的学生商鸿逵不知如何处理这样一部重要的传记，书迟迟没写出来，而欠下“星云堂”那五百元，人家追在他屁股后面不住地催讨。当时学界思想保守，为一个妓女作传，似乎有辱斯文，商鸿逵只好请示胡适先生，胡适让他实话实说，就照谈话写来，按照现在的话，就是“口述实录”。于是，商鸿逵按照刘半农生前定下的提纲，写了出来，书名叫做《赛金花本事》。当时，书出来，只卖出了两千本。谁也没有想到，这之后半个多世纪的时光里，这本《赛金花本事》一版再版，海内海外开花，已经不知道卖出多少了。

这是 1932 年到 1934 年的事情。当时的赛金花已经潦倒，早不住在八大胡同里，而住进了天桥附近的居仁里胡同破败的房子里了。想想每天下午她一个人从居仁里出来，跑到隆福寺西口，几乎从南城穿过到北城，该是一种什么样的心情？路过前门，和八大胡同擦肩而过的时候，又会是一种什么样的心情？如今，只能够揣测，谁也弄不清她的心里到底是怎么样想的了。遥远的岁月，像是毛玻璃遮挡着的天空，变得模糊而迷蒙。

幸亏赛金花在这时候亲口说出了自己的故事。因为两年之后，也就是 1936 年的冬天，她就悲惨地死在居仁里这间破败的房子里了，无论前人与后人怎么评说，她都没有了为自己辩解的机会了。

在世间所有有关赛金花的书籍中，这本《赛金花本事》，虽有赛金花自己的一些遮掩或改写，毕竟是最直观真实而翔实的写照了。尤其是对照一些尽情肆意演义的小说，比如《孽海花》和《九尾龟》，会看出更多的意思出来，让我们感慨唏嘘之余，也让我们沉思。

## 二　吃状元饭的赛金花和状元郎洪钧的关系始末

按照赛金花自己的说法，她本姓赵，原籍徽州，“因闹长毛。我们徽州很受蹂躏，家人四散奔逃了，父亲只身跑到苏州找我祖父。那时，我祖父正在苏州和一个叫朱胡子的合伙开当铺”。

关于赛金花的年龄，一直众说不一，但根据这本自传，她的父亲就是在苏州成的亲，住在苏州周家巷，母亲是苏州人，姓潘，容貌很美，生下了她，自然也就有了母亲的遗传。赛金花自己说自己生于同治末年，即1874年。

《孽海花》中称她傅彩云，也并非虚构，她确实叫过这个名字。彩云是她小时候的乳名，姓傅却是她跌入娼门之后假冒的，为了体面，不愿意露出自己的真姓氏。但不取别的姓氏，单取一个傅字，在她也是有心思在里面的，“傅”和“富”同音，取一个“富贵有财之意”。后来，嫁给了洪钧后，洪钧觉得傅彩云这名字太俗，为她特意改名为“梦鸾”，有些文绉绉的。洪钧死后，离开洪家，她自己把名字改成“梦兰”，取“梦鸾”的谐音，她似乎特别爱取谐音为自己命名，走通俗化的老路。

赛金花这个名字的由来，是光绪二十四年的事情了，即1898年，她那时已经从上海到天津，在江岔胡同租了一所房子，开了一家妓院。那时，天津的江岔胡同和北京的八大胡同一样，也是属于红灯区，妓院丛生，歌馆楼台相望，灯火万家，鞭丝帽影，纸醉金迷。可谓天津卫的历史一块重地。江岔胡同就在现在天津的东北角有名的大胡同附近，临近海河边，可惜，前几年已经被拆，找不到踪影了。那时，赛金花从南方接来五

位姑娘，把妓院开了张，她自己也出来酬客，好多人知道她曾经是状元夫人，还曾经逛过欧洲，慕名而来捧场的人很多，生意很是红火。她把妓院取名为“金花班”，自己取名为赛金花。我猜想，之所以有一个赛字的姓氏，是想说她自己是赛过金花班中所有的名花奇葩吧。这很符合她外向而争强好胜的性格。

妓女的名字，和作家起笔名一样，纵有别一番意思在内含着，一般不可当真，因为内含着的那一点意思，很可能就如嘴里含着的话梅一样，很快就没有了滋味儿而被吐了出来。但是，在她曾经有过的许多名字中，这个赛金花，因挟风持雷一般带着日后不同凡响的一段传奇，便还是让人叫着格外的响亮和顺口，便也习惯成自然，成为了八大胡同的一张最醒目的名片。

在赛金花的经历中，她和前清状元郎洪钧的姻缘，是她人生前半截最重要最辉煌的一段，也是《孽海花》中大肆渲染的一段。

赛金花坦率地承认在认识洪钧之前，自己已经是个妓女了。但她强调那时自己只是清倌。她 13 岁时，在一个叫金云仙的妓女的带领下，第一次当了清倌，到苏州河上的花船“出条子”，即出面迎客。那一晚，她和金云仙一连串了十儿只花船，初出茅庐，收获不菲。她说：“当时每一个清倌的条子是给四块银元，这次金云仙借着我，凭空赚了好几十元。”

这里需要解释一下清倌，清倌是专指未开怀的少女，只陪客，不留宿。妓女只有到了 16 岁以上才可开怀接客。那时的嫖客要求和其同房，得花大价钱，方可尝鲜，拿到初夜权。当嫖客把钱掏干净走后，老鸨要妓女烧纸，意思是丈夫已死，为其烧纸送终，然后妓女再去接别的客人，可以无牵无挂了。有了这番经历之后的妓女，便叫做浑倌（也有叫红倌

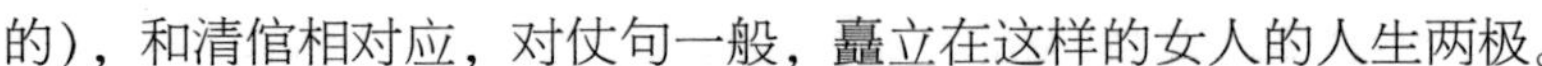

的），和清倌相对应，对仗句一般，矗立在这样的女人的人生两极。

这样说，也就是指赛金花自己在遇到洪钧之前尚未开过怀。她一再强调自己那时只在花船上陪客而已，唱唱小曲，昆腔。她特别形容这种花船：“这时候，苏州花船很多，都在仓桥一带，往来于阊门虎丘之间。这种船都是双开门的，四面有玻璃窗，外边周围带栏杆，彩绘很精致，船里也够宽敞，能摆下两桌筵席。一切布置讲究极了，挂着许多华灯，还有用茉莉花插成的花篮，桌椅全是红木和花梨嵌大理石的。”

她同时还详细介绍了花船上的种种规矩，比如花船上自己带姑娘的，叫“坐舱姑娘”；花船上不带姑娘的，叫“清船”。再比如，叫条子的规矩是谁叫的谁出钱，姑娘就坐在谁身边；姑娘陪客可以喝茶、吃水果点心，但不准喝酒；姑娘离船时候，要把给的条子钱里的一块钱压在茶盘下面，是给下人的分成，叫做“坐舱钱”。“等下人来收拾桌子时，把钱拿起来向船板上一丢，当啷一声，便喊‘某小姐赏’，外面就齐声大嚷着：‘谢谢’，语音颇为动听。”

在赛金花的晚年，她如此绘声绘色地描写着自己少女时代花船上的清倌往事，记忆如此深刻，可见她对已经逝去的那段岁月的留恋和怀念。那也许是她最美好的一段时光了，虽然堕入花船，却尚未卖身，而且，正是在那时候她遇见了洪钧，她自己还非常志得意满地说：“我们苏州有一种食品，叫做‘状元饭’，就是用红苋加猪油拌饭。我小时最爱吃这个，有人便说我：‘将来必定要嫁状元。’后来果然嫁了洪先生，这也是前生注定的姻缘吧。”这简直和传统故事中的才子佳人一相逢，便胜似人间无数的情境，是那样的相像。那样的日子，简直被她描述得诗情画意，有些像是浪漫的童话了。

我一直觉得，这是赛金花晚年幻化出的景象。记忆有时是不可靠的，能够骗人的，尤其是自己骗自己。她无形中筛下了许多别的一些她不愿意记起的东西。

其实，赛金花和洪钧相逢，并不是在花船上，而是在洪钧的家中，赛金花自己说那时候；“洪先生的家在苏州城北张家港，他不常出门，都是把我叫到他的府上”。她去洪钧的府上，是陪他玩一种叫做“打黄河阵图”的牌，输赢很大，她只是在一旁陪着，一天都不能够离开，那劲头犹如热恋。赛金花说：“洪先生一天不见我便想我。”这话，我信洪钧说过，但我以为这并不是赛金花自己幻化出来的热恋。

我是觉得，赛金花把自己和洪钧说得都有些清白而高雅，轻飘飘的了。按照清倌的规矩，应该是只在花船上陪客，一般不会登门府上的。况且，当时洪钧的母亲去世，他正在服丧。按理说，服丧期间，是不可以行男女之事的，更何况召妓进门，侍奉自己。这样做，漫说是京城高官、一代名士了，就是一般人，也是有碍封建伦理的。因此，无论赛金花，还是洪钧，都难以逃脱干净二字。

赛金花说：“洪先生一天不见我便想我。”这说明赛金花自有其迷人之处，要不，不会把洪钧迷得一天不见都要想。但现在看照片，真的看不出赛金花有什么迷人之处，小脚，小个，小眼，小嘴，可以说，一点都说不上漂亮。也许，现在和那时的审美标准不一样。

在几乎所有关于赛金花的传记或传奇的书中，都难以找到对赛金花美貌的描写。只有《孽海花》里有这样一段，说她是：“不长不短，不肥不瘦，面如瓜子，脸若桃花，两条欲蹙不蹙的蛾眉，一双似开非开的凤眼，似曾相识，莫道无情，正是说不尽的体态风流，风姿绰约。”也看不大出她到底哪里漂亮而迷人，因为在所有明清话本中对女人都是这样的描写，一律都是这样的陈词滥调，说赛金花这样，说别人也是这样，没有一点具体而特别的地方。

洪钧服孝期满，那一年，即1889年的正月十四，洪钧把赛金花迎娶进门，正儿八经地举办了热闹的婚礼。那时候，赛金花还不到15岁，洪钧整整50岁，老牛吃嫩草，自然让洪钧得意，却也让好多人嫉妒得牙根儿疼。如果当时人们能够未卜先知赛金花日后在八大胡同德军元帅瓦德西风光一时，在全中国乃至世界都声名了得，该会是更加后悔让偶然回到乡里的洪状元摘取了仙桃，他母亲怎么会这么挑时候死呢？如果他母亲不死，洪状元不就不回故里，那水灵灵而且日后卖个大价钱的仙桃，不就有可能落在自己的头上了吗？

关于婚礼，赛金花自己说：“婚礼很庄重，坐的是绿呢大轿，前面打着红色状元纱灯，仪仗甚多，好不气派。”这是赛金花自传中写实的地方，可信度很高。可以看出洪钧确实喜欢赛金花，方才舍得颇费；也可以看出那时官员的气派，兜里银子多（也包括拍马奉迎送红包的多），足可以让他纳妾之时潇洒一回。

洪钧家中有两房太太，大太太出身南京，二太太出身扬州，有一个儿子，为大太太所生，少奶奶是京城高官润庠之女，可以说一家上上下下都是出身名门望族的有头有脸人物。迎娶进门的却是一名妓女，一个苏州城里开当铺的后代。赛金花暂时还不会明白，眼前披红挂绿背后掩藏着的漩涡，波澜不惊中暗含的杀机。

好日子不经过，这在五年过后，洪钧一命呜呼之时，厄运立刻就显示了征兆，赛金花被赶出家门，在送灵船（洪钧的遗体棺椁是通过船走大

运河回苏州老家的）刚刚到苏州，只是停靠在接官亭处，还没有到家门，赛金花就已经被迫知趣地离船而奔上海。在上海生下了洪钧的遗腹子，仅仅活了十一个月便夭折。洪钧留给赛金花的五万块钱，分文也没有落在她的手里，而被洪钧家人（其族弟洪銮）私自独吞而“密”下。日后在赛金花从天津到北京刑部街后开设她的“金花班”，因“口袋底事件”而被驱逐，以及再后来她因虐待妓女入狱而被勒令遣送老家的一系列噩梦，她做梦都想不到其中也有洪钧儿媳的父亲陆润庠的“功劳”。陆润庠是当时的左都御史、工部尚书，当朝一品，且又是后来溥仪的老师，说话的分量自然了得。没有他在朝廷的说项，赛金花的命运也不至于此，陆润庠从心里看不起她这样一个妓女，更不想让自己的女儿和这样一个妓女有任何关系，方才一次次对她赶尽杀绝。

但是，在新婚之时，赛金花光顾着在兴奋的浪潮中沉浸不已，一时还看不到风平浪静过后的惊涛拍岸。那一年四月，洪钧带着她进京了。那一年五月，洪钧被朝廷任命为出使欧洲四国钦差大臣，也就是驻外大使，她就跟着洪钧一起去了欧洲。好日子一个紧跟着一个，如芝麻开花节节高。洪钧没有带大太太去，也没有带二太太去，相反带了自己去，这自然让她受宠若惊，兴奋不已。当年苏东坡离家赴任南方各州去当官，不也没有带大太太去，而是带着王朝云去的吗？虽然，她和王朝云都曾是妓女，也都是妾，却都是夫君的知音啊，苏东坡还曾经为王朝云作《西江月》词一阕，将王朝云比作心中的梅花。而且，苏东坡那时是一路被贬，而洪钧却是一路高升，自己不是前程似锦，又能够是什么呢？一时高兴还高兴不过来呢，她怎么能够想得到日后的波诡云谲呢？

随洪钧出使欧洲，是赛金花最为风光的经历，也是她日后坐镇八大胡同的资本和身价。有这样一个细节，常被研究赛金花的专家更为时人所忽略。赛金花在德国时为洪钧生下一个女儿（有说洪钧性无能，此女为赛金花和仆人所生，我以为是演义，不可信），因为是在德国所生，赛金花便随口给孩子取名叫德倌。洪钧怎么说也是清末的一个大学问家，以后也曾经卓有成效地研究过元史，竟然没有仔细揣摩，便也同意叫德倌。当时一定是这样的一种情景，赛金花抱着孩子正得意呢，望着孩子，然后望望洪钧说：就管孩子叫德倌吧。洪钧也正望着孩子喜上眉梢，他老年得女，而且，他虽有一个儿子，却一直没有女儿，如今儿女双全两朵花，心里喜兴，正是智商最低的时候，便想也没想就点头答应：好！好！就叫德倌！他那时哪里想到，赛金花和他相识时是“清倌”啊。“清倌”与“德倌”的一字之差，却那样的紧密相连。一个人的经历，注定着一个人的思维方式，即使环境早早变化了，你已经被嫁接并仔细修剪成了另外一株树的模样了，但在不经意之中，你还是会从自己的枝叶之间洒下一些以往的影子，虽然影子里摇曳的是今天的枝叶，那魂儿却还是顽固地显露出来了。

只有赛金花才会把自己生下的女儿叫德倌。清倌，是她抛洒不掉的影子，一直悄悄地跟随着，才会让她日后重操旧业，走马章台。

德倌，命中注定命运不济，在她十九岁的那一年，就病逝了。赛金花的两个孩子，便都早夭。按照民间的说法，是因为母亲的命太硬，压折了孩子的命。有一位老太太谈起赛金花和她的两个孩子的时候，对我说：这就像雪下得太大，就生生地把树枝子压折了一样。也许这样的说法有些宿命论，但我想，在这样阴影中长大的孩子，就连名字都难以逃脱母亲的身世的孩子，即使长大成人了，命运又会是如何呢？我曾经见过和赛金花一样的妓女的后代，由于他们的母亲比赛金花的年龄小，活到了新中国成立

以后，他们的命运又是如何呢？在下面的章节里，我会讲述他们的命运。当他们的命运浮现在我的脑海里的时候，我真的有这样的想法，还真不如如德倌一样早早死去呢，省得活受人世间那么多的罪。

## 三　赛金花和瓦德西的风流传奇是这样诞生的

赛金花和洪钧的关系，一般人们感兴趣的，只是一个高官富绅和一个平民妓女的关系，远远赶不上人们对于她和德军元帅瓦德西关系的关心程度。这在所有有关赛金花的传记与传奇中，都是回避不了的一段。

这很符合人们的好奇心，是好奇心才让人类得以发展的，没有对兽皮的好奇，人类不会取兽皮作衣遮羞取暖；没有对鸟的好奇，人类也不会发明出飞机和鸟一样在蓝天上飞翔。同时，这也很符合人们对于在平淡生活中想象和创造传奇的愿望，这样一场跨国之恋，从来都是我们很多中国人所渴望的，除了一些人从骨子里崇洋媚外的心理之外，人们更多的是愿意看到世俗之中平凡人物和不平凡人物的瓜葛，而且由这样的瓜葛拔出萝卜带出泥，诞生了意想不到的奇迹。于是，一个妓女，由于有了意外在欧洲生活几年的经历，一下子又意外地在战火纷飞之中和德军元帅瓜葛在一起，他们两人之间怎么能够平平淡淡总是真呢？他们两人之间没有点故事发生，怎么能够让人甘心和相信呢？人们心里涌动着的想象，给自己注入了兴奋剂，便自然亢奋地奔涌到了他们两人之间的关系方面，让他们两人跟着我们一起亢奋。于是，由一个妓女领衔主演、由外国的大牌明星作为配角的中外合资大戏，在老北京城中就要开演了。

在清末国土被外国人入侵、被义和团燃烧的纷乱时代背景中，由于主角不再是慈禧太后和她的那些众大臣和众太监们，而是一位妓女，一切的战争、政治、道德，都像进了涮羊肉的火锅里涮过一样，变了味道，嚼在嘴里都情色化了。由于有了这样一位妓女举足轻重地出场，不仅消解了火药味，同时也消解了社会意义上的庄严肃穆感。风花雪月和国家大事，迅速粘连在一起，融合在一起；私人空间和公共空间，也被迅速地搅和成一团浑水，然后沉淀下来的是特定而别样的情色空间。这种战争、政治和道德情色化的过程，是平民百姓内心潜在渴望对以往只是朝廷关注和解决国家大事的再设计。在赛金花和瓦德西演义的所有传奇中，折射出的大众文化与心理的意义，是非常有意思的，值得人们玩味和探讨。

在民间，关于赛金花和瓦德西的关系，有多种说法，大多都是演义，而且是从过去言情话本故事或现代影视模式中来的。比如，有说是赛金花随洪钧出使欧洲时，在德国一次舞会上和瓦德西相识，一见钟情，当晚一曲共舞后，便在舞厅外花园的月色之中相拥亲吻，然后情不自禁地宽衣解带，行鱼水相欢。也有说是在德国一次踏青郊游，赛金花所乘马车的马突然惊奔之时，一位年轻的德国军官飞奔而来，冒死拦住惊马，让赛金花得以解救。这位年轻勇敢的军官便是瓦德西。这两则传说，都有些好莱坞中常见的情景，前者为才子佳人版，后者为英雄救美版。

如果按照曾朴《孽海花》里的描述，赛金花与瓦德西的相识，完全出于赛金花的精心设计。赛金花在和仆人勾搭一起合唱《十八摸》时，楼下围观听者甚多，其中一位年轻貌美的德国少年，让赛金花心动，她故意将头上戴着的一对价值千金的白金底儿八宝篡珠钻石的莲蓬簪子，抛到楼下，就落在美少年的脚下。这位少年便是瓦德西。这便是《孽海花》中“紫龙放娇遗楚佩，赤龙狂舞过蛮楼”。不过，怎么看，怎么有些像是

《金瓶梅》中潘金莲楼上抛折扇砸到了西门庆的头的翻版。

第二天，瓦德西来访，投桃报李，先递上一张金边白底的名刺（即名片），紧接着递上一个宝石盒，盒子是赤金底儿，四面嵌满猫儿眼、祖母绿、七星线的宝石；盖子上雕刻着一个挎刀的将军，骑着高头大马，英武飒爽；盖子下有一个金星钮的活机，一动就能够自动打开，打开后，可以看见盒子里放着一枚五克拉重的钻石戒指，“似天上的晓星般大”。

这样细致而冗长的铺垫，让两位人物正式出场了，不知赛金花如果看到曾朴这一段描写，会作何等感想。那一枚五克拉重的钻石戒指，成为了意念里的一种信物，和传说中的一个重要细节，在日后北京的重逢时候，会起到什么样画龙点睛的作用？

按照曾朴的描写，洪钧任期满时，赛金花就要随夫君一起离开柏林归国，恰巧瓦德西也任期已满离开了柏林，阴差阳错，分别之际，两人竟然未得相见，赛金花只看见瓦德西留下的一封告别信笺，上面写着我们中国的文言：“海涛万里，相思百年。”可谓是：分手脱相赠，平生一片心。为他们日后在北京的金銮殿上鸳梦重温，做好了充足而浓重甚至是合情合理的铺垫。

赛金花死后，历来对她和瓦德西的关系争议不休，主要围绕两点疑问：一是赛金花和瓦德西到底在德国认识不认识；二是赛金花和瓦德西在北京到底有过没有过接触。第一点，实质上是对民间传说包括曾朴小说的质疑，第二点，则是彻底对赛金花传奇的否定，试想，如果在北京赛金花根本和瓦德西没有过接触，所有演绎出来的在北京城战火纷飞中一场妓女救驾的故事，都成为了子虚乌有，赛金花这个人物也就失去了价值，和八大胡同任何一个妓女平凡的命运，没有什么两样。

事实上，我国学者在上个世纪 80 年代曾经在德国发现瓦德西卫兵的日记，在这本日记中查到了瓦德西与赛金花交往的记述。这样，关于第二点的争议，便不攻自破。在赛金花自传中关于她和瓦德西的交往，也都是比较真实可靠的。关键是，赛金花和瓦德西在德国是否曾经相识，而在北京赛金花救驾，是否动用了妓女的本色，以自己的肉体在床笫之间完成了经邦纬国之大业？

在赛金花的自传中，专门有“在欧洲”一章，谈及她和瓦德西的关系，赛金花叙述得很简单，面对坊间流传甚广的她和瓦德西相识于舞会的说法，她只是这样为自己辩解：“有人说，我在欧洲常常到各跳舞场里去，那是一派胡言。要想一想，我是个缠脚女子，走动起来如何不方便，而且我在欧洲就连洋装也没有穿过，叫我怎么跳得起来？休说到跳舞场，便是使馆里遇到请客，按照外国的规矩，钦差夫人应该出来奉陪的，可是我只是出来打个招呼，同他们握握手，就退回去。”

我觉得赛金花说的是可靠的。虽然在欧洲，她曾经有过俾斯曼国王、德国国王和皇后的接见，并合影留念的荣光，但大多数时间里，她只是在使馆里消磨时光，有一个丫鬟，帮她梳头打扮，然后就是陪她说话和玩，并没有那么多施展她交际花才能的机会和场合。即使是洪大使要在家中设家宴请客，大多时间她也只是在厨房里帮忙而已。但是，赛金花随洪钧出使欧洲德、俄、奥、荷四国，确实是在德国住的时间最长，她也确实在德国学会了一口流利的德语，这便给后人留下了编排她和瓦德西在柏林一见钟情的余地，让她有口难辩，也让传说不胫而走，越传越说越像是真的。

关于赛金花和瓦德西相识，也曾经有人认同赛金花自己所说，在德国根本不认识瓦德西。只是在北京怎么和瓦德西相识，有这样一说，认为是

当时赛金花在八大胡同名声很大，又有过过去出使欧洲的不凡经历，便有汉奸将赛金花进贡一般献给德军统帅瓦德西，供他享用。这种说法，在我看来，有些猥琐，赛金花在那段历史的作用，完全变成了一种礼品和肉欲简单的转换。赛金花曾经舌战瓦德西和克林德夫人的经历，完全被瓦德西在金銮殿上抚摸赛金花裸露的玉体和过去的传奇所取代。一场政治与战争的较量，关于北京城的安危保护的严肃，彻底被风花雪月所淹没。

没错，那时，赛金花在八大胡同时非常有名，自从离开洪家，在上海挂牌重操旧业之后，辗转天津北京，她确实因有过去和洪钧的关系以及出使欧洲的经历，而使得自己的生意锦上添花，一路高歌猛进。她也正是在那时候得到了朝廷里不少高官的追捧，她就是在上海结识了名重一时的李鸿章和盛宣怀，在北京是庆王府、庄王府的常客，和浙江江西两院巡抚德晓峰、内务部户部尚书杨立山打得火热。杨立山出手大方阔绰，一次就能够送她银子一千两，而她从天津到北京开业，也是得益于杨德两位大人的鼎力支持。就如同那个时代的戏子有人来捧一样，妓女一样需要这样的追捧，才能够扎根立足，水涨船高。难怪在《九尾龟》里，在说起赛金花时候，作者借书中人物借题发挥："大约现在的嫖界，就是今日的官场，第一要讲究资格，第二就是讲究应酬，那'色艺'两字竟然可以不讲讲了。"对于赛金花，资格与应酬，这两条她都具备了，而且，她的色艺也还在，那一年，她才二十六岁。她当然应该一路顺风顺水，潮平两岸阔，风正一帆悬。

按照赛金花自己的描述，那时候："我在京里这么一住，时间不久，又经诸位挚友好一同吹嘘，几乎没有不知道'赛金花'的了。每天店门前的车轿，总是拥挤不堪，把走的路都快要塞满了。有些官职大的老爷们，觉得这样来去太不方便，便邀请我去他们府里，这一来，我越发忙了，夜间在家里陪客，一直闹到半夜，白天还要到各府里去应酬，像清王府里我都常去的，尤其是庄王府，只有我一人能去，旁的妓女皆不许进入。”

那确实是她的辉煌鼎盛时期。如果八国联军没有打进北京城，她是一定能够坐稳八大胡同里第一把交椅，赚得个盆满碗溢的，纸醉金迷，花团锦簇，自是不费猜疑的。

可是，八国联军还是进了北京，慈禧太后跑了，赛金花还留在了八大胡同里。

于是，才有了她和德国兵的窄路相逢，才有了她和瓦德西的萍水相逢。这是风云际会，更是历史的巧合。国家危亡之际，国君和群臣不知哪里去了，让一个妓女起身用肉弹抵御枪弹，用情色化解战火，以柔弱身躯担当起救驾之责，如刘半农所讲：“赛金花和叶赫那拉可谓一朝一野相对立。”这不能不说是对软弱的清政府的一种无情的嘲讽，传奇就这样诞生，不让诞生都不可能了。

据说，面临八国联军打进京城烧杀抢掠的危急时刻，李鸿章曾经凭借和赛金花的交情，亲自登门请赛金花出面，用她得天独厚的德语找德军讲情，让她凛然成为了不辱使命的民间使者。

也有这样的传说，赛金花和瓦德西在京城相遇，是赛金花在胡同里骑马受惊，再次被瓦德西巧遇而得救，去似朝云，来如春梦，马上相逢，凭栏无语，离愁与思念，从前柏林的星光月色，都化做了眼前北京城的莺飞草长，让她缠绵地成为了爱情的棒棒糖。

事实上，既无那样的浪漫和巧合，也没有那样的重托与凛然。是那一

夜德国兵闯进了八大胡同，敲响了赛金花的房门。那时候，她住在陕西巷中段路东的一条叫做榆树巷的小胡同里。自从随洪钧自欧洲回国住在北京，她住过北京不少地方，开始在前门外的草厂胡同，后来搬到了东城史家胡同，她自己开业后，先后又在李铁拐斜街、高碑胡同都住过，都没有让她满意过。和在柏林的住所一比，都让她觉得是凤凰和鸡的相比。现在这个住所，她同样也并不满意，一直想把它改造一下，让它多少也有点儿欧洲的味道。战争来了，让她的心思收拢了起来，却也让她觉得这里毕竟在大胡同里的小胡同里藏着，地方偏僻点儿，便也安全点儿。谁想到，居然也并不安全，房门到底还是被德国兵敲响了。

德国兵见一时没有开门，便用军用皮靴使劲地踢门不止。赛金花只好开门揖不速之客。德国兵做梦都没有想到，在这样的胡同里面，居然遇到了一个讲一口流利德国话的女子，一个个面面相觑，不知如何是好。赛金花的德语，在这时候起到的作用，犹如化腐朽为神奇一般，成为了历史的转折点。她居然还很镇定而自然洒脱地对在场的一个小军官问起德国的某某先生和夫人，而那某某先生和夫人都是德国的上层人物而家喻户晓，并且，她还顺手拿出了和这些德国人的合影照片来给这几个德国大兵看。好家伙，她居然能够和这些人物认识，德国兵怎么能够不对她刮目相看？他们一时弄不清她的来历，到底水深水浅，不敢再造次。那个小军官显然是这次不请自来闯入者的首领，他走到赛金花的面前，使劲地一磕军用皮靴的后跟，向赛金花敬了一个军礼，毕恭毕敬地对她说道：回去一定禀告元帅，明天派人来接您，请千万在家中等候，不要躲开。

第二天清晨，德军果然派来两个护兵，开着一辆轿车，气派堂皇地把她接走。这才有了她和瓦德西的相见。

赛金花是这样描述她和瓦德西第一次相见的："他问我：'到过德国吗？'我说：'小时同洪钦差去过。'又问：'洪钦差是你什么人？'这时候我却撒了一句谎，说：'是我的姊丈。'他一听，喜欢极了。我们越谈越高兴，很具投机，当下留我一同吃饭。吃饭时，我乘便就把我怎样从上海到来天津，因闹义和团又逃到北京，途中狼狈情形及到京后生活的困难，对他说了一遍。他听后很表同情，只见他对旁边的军官低声叽哩咕噜的不知说了些什么，便拿出两套夹服，都是青缎绣花的；又取出一个小箱子，里面装着一千块钱，都是现洋，对我说：'东西很少，请先拿去用吧。'"

我以为赛金花所说的，是比任何的演绎都要可信一些。他和瓦德西的第一次见面，说得合情合理，说的都是些家长里短，在不动声色中稍带脚地也说了战乱带给自己的困难，并没有后来传说中的那种政治性很强的拔高举动与襟怀气度。她只是一个会说德国话并善于应酬的妓女，日后在历史的关键时刻她所起到的作用，只是阴差阳错的水到渠成，是一粒无意撒下的种子，意外开出了灿烂的花。

关于赛金花和瓦德西的关系，近乎所有的书中都认定了她和瓦德西有一腿，难道会有妓女不卖身的吗？难道会有猫儿不贪腥的吗？就连鲁迅先生都说是："和德国统帅睡了一段时间的赛金花，也早已成为九天护国娘娘了。"

赛金花矢口否认这段传闻。她说："他们说我，天天夜里和瓦德西一同睡在龙床上。有一天，睡到半夜，着起火来，我们俩都赤裸着身子，由殿里跑出，这简直是侮辱我，骂我。我同瓦德西的交情固然很好，但彼此间的关系，却是清清白白的，就是平时在一起谈话，也非常地守规矩，从无一语涉及过邪淫。这都是有人见我常常同瓦德西骑着马并辔在街上走，

又常常宿在他的营里，因此推想出我们有种种不好的勾当来。”

“常常同瓦德西骑着马并辔在街上走，又常常宿在他的营里”，这在当时的北京城，赛金花是一个多么特殊的人物，这又是多么风光的事情啊。人们的猜测便是由此产生，也是可以想见的了。她的争辩，乃至纯洁到“从无一语涉及过邪淫”，便无法令人信服，便也成了一笔谜一样的糊涂账。

传说中最邪乎也最有鼻子有眼的，是“仪鸾殿失火”，因为大火烧得赛金花和瓦德西都光着屁股从仪鸾殿里惊慌失措地跑出来，应该是最富于戏剧性和画面感的场面了（如果拍电影的话，赛金花的扮演者大概如章子怡一样，也得需要一个替身出现全裸的背影），当然容易让人们难忘而想入非非。

赛金花这样解释“仪鸾殿失火”：“瓦德西虽住在宫里，可并不在殿里睡，他是在仪鸾殿的旁边，觅了一块静洁而又风景幽丽的地方，搭起一个帐篷，办公睡觉差不多全在里面。那次失火是因为几个兵士的不加小心，损失还很不小，把一个参谋长烧死在里头。”

赛金花这样的解释，有点儿欲盖弥彰。她对瓦德西在北京的衣食住行如此了如指掌，即使“仪鸾殿失火”真的如她所说，她和瓦德西的关系，真的如纯情少男少女一般，在战乱只是演绎着琼瑶一般的浪漫剧，总不大能够让人信服。

在赛金花的自传中，有她情不自禁的这样的流露：有一天，“一直待到天黑，我要回家了，瓦德西很舍不得叫我走，千叮咛，万嘱咐，希望我能够常常来他营里，又亲自送出老多远，我俩才握手而别。从此以后，差不多每天都派人接我，到他营里一待就是多半天，很少有间断的日子。”

在另一段里，赛金花说："瓦德西常对我说：'营里的东西，你喜欢哪件，尽管拿走，没有什么关系。'有一个'五福捧寿'的瓷盘，样式、釉质、彩绘都好，瓦德西用它盛水果，看我喜欢，立刻派人要拿给我送到家中，我忙推托掉了。"

这样时过境迁的描述，总让我有些怀疑其中有没有被赛金花有意无意而修改或遮掩的东西。我相信，她所说的这样的事情确实发生过，但瓦德西拿着中国的东西不当玩意儿，随手送人情给她，总让人心里不大舒服。而她和瓦德西天天白天里缠绵，唯独没有夜里的销魂，哪怕是片刻的冲动，对于一对孤男寡女而言，也多少让人起疑。

曾经有人考证出瓦德西的生卒年月，他是生于 1832 年，死于 1904 年。也就是说他比洪钧还要大 8 岁，率领德军到北京时，已经是 68 岁的高龄了，而那时赛金花才 26 岁。也就是说由于这样的年龄，他们两人之间完全不可能有性事的可能。当然，说赛金花和瓦德西一定非要有床笫之欢，也缺少足够的证据。但是，如今的老少配的年龄大于他们两人的多的是，前不久发生的安徽的贪官一位副省长，和他的小舅子共用一个情妇，这位副省长的年龄也快逼近当时的瓦德西了。因此，这样的解读，多少有些武断。

瓦德西离开北京回到德国三年后就死了。但自 1901 年 6 月瓦德西走后，和赛金花还有书信往来，赛金花虽然只是会说而不会写德语，但她请一位留德的学生替她复信，鱼雁传书，往来德中之间，坚持好一段时间，没有情分，也是做不到的。当然，这种情分，也可能纤尘不染，只是友情。不过，当后世的人们，看到这样一位元帅和一位妓女之间如此持久而温婉的友情的时候，该会作何等遐想？

难道就不能够奇迹一般出现妓女和元帅之间的友情吗？

但难道就不能够更奇迹一般出现妓女和元帅之间的爱情吗？更何况是一场跨国之恋，而且诞生在战乱之时的北京城，串联起八大胡同和仪鸾殿之间，也就将凡世和皇宫、将情色与政治，拉郎配一般奇特地拉在了一起，不是让这样的传奇更为色彩缤纷吗？

这是只有赛金花才能够创造的传奇。在我们的历史上，还没有哪一位妓女如此上天入地一般创造出这样的传奇。

## 四　莲花舌尖上建起的克林德碑

那个时候，赛金花成了德国司令部的座上客，“赛二爷”的大名，也迅速蹿红，传遍九城。许多人拿着名片，提着礼品来见她，甚至那些王公贵族也屈尊纡贵来找她，不是拜她认干娘的，就是拜她叫师姐的。那时候，她已经学会了骑马，而且很喜欢并精通此术，她自己说过她常同瓦德西骑马在大街上并辔而行。一个妓女善于骑马，也是当时京城难见的一绝，足以让六宫粉黛无颜色，更不用说八大胡同里的那些姐妹了。因此，投其所好，送她马匹的人也很多，据说当时她曾经拥有四匹名马，号称铁青皮、滚地雷、烟熏骅骝和墨里藏针，前三匹都是一色纯青蒿马，后一匹是小高丽的骡子。

如此众多的人前来八大胡同里找她，目的已经不像以前，为了情色，而是为了托付她到德军元帅面前递上个话，说项说项。他们私底下的心思，是想她最好能够吹吹枕边风，就更能够管用了。嘴上不说，这些人心里认定赛金花和瓦德西是有一腿。

赛金花的面子可真够大的。可以想见当时赛金花骑在那些名马镶金嵌银的雕鞍上横穿北京城的情景，该是何等的威风，大概和现在开着那名牌跑车的女人的劲头差不多吧？老佛爷从金銮殿里跑了，北京城里，赛金花成了首屈一指、炙手可热的女人。

关于赛金花通过德军元帅瓦德西的关系而对于北京城保护所做的事情，历来评价不尽相同。嗤之以鼻的有之，竭力赞扬的有之，甚至有人还弄出来赛金花说过这样的一句话来：国家是人人的国家，救国是人人的本分。这话到底是不是出自赛金花之口，和赛金花和瓦德西到底有没有一腿一样，都成了一笔糊涂账。

客观地讲，赛金花为德国做过为虎作伥的事情。她既为德军挨门挨户地不竭余力地购买粮饷，也为德国军官找来妓女包括她班子里的妓女，进德军的军营，为他们寻欢作乐，而自己坐收渔利。她并没有把这样做当成什么不妥，相反她说妓女来一趟军营给一百元钱，班子里姑娘都很愿意来。说这样的话，很有些像老鸨的口气。如果仅仅这样看，赛金花也实在有些寡廉鲜耻，所谓戏子无情，婊子无义。说到底，她还只是一个妓女。

但赛金花确实也为京城的百姓做过好事。这就是赛金花其实也具有人性的复杂性。在我看来，起码赛金花有这样两大功劳不可抹杀。不仅不可抹杀，而且不是当时任何一个中国人都能够做到的。

当时，八国联军最恨的是义和团，打进北京后不分青红皂白，见中国人就说是义和团，当场就杀。在大街上碰到这样的情景，赛金花会很勇敢地出面说这个人不是义和团，我敢担保！她也曾对瓦德西说过这样的话：义和团一听你们来，早逃窜得远远的了，现在京城里剩下的，都是很安分守己的老百姓。我们已经受了不少义和团的害，现在又被误指是义和团，

岂不太冤枉？可以看出赛金花能言善辩的精明一面，这是她妓女生涯里学到的本事，瓦德西倒也礼贤下士，兼听则明，听从了她的意见，真的就下了那么一道命令，不准士兵再在北京城随便杀人。应该说，赛金花确实救过许多北京人的性命。这是她的第一大功劳。

她的第二大功劳，便是在京城当时有名的“克林德事件”中所起到的作用。德国公使克林德被义和团杀后，克林德夫人不干了，发誓要复仇，因此和清政府谈判时候提出种种苛刻的条件，其中最重要一条，就是非要让慈禧太后抵命不可。这可让清政府为了难，赔偿多少银子，割多少地，开放多少港口都行，你非要拿走老佛爷的命，这可怎么谈判呀！这些官员们都成了瘪茄子了，不知该说什么好。李鸿章凭着和赛金花的交往，私下找到了赛金花，他精明，看出了，这时候老佛爷的命得靠一个妓女来救了。赛金花受李鸿章之托，找到了瓦德西。瓦德西对她说：“我这里好说，唯克林德夫人那里不好办！”赛金花不含糊，自告奋勇，请瓦德西搭桥，她亲自去找克林德夫人当一回说客！

赛金花的德语再一次发挥了作用。可以想象，如果赛金花不会德语，带着一个翻译去，那会是一种什么局面？由于她会德语，且巧舌如簧，而且又是女人（应该还有一个先决条件，便是瓦德西事先肯定对克林德夫人有所介绍和铺垫），同为女人的克林德夫人，便容易放下戒备，两人便容易靠近，拉在一起。

在赛金花的传记中，她详细地叙述了她和克林德夫人见面的情景：“我见着了她，她对我的态度还很和蔼，先讲了旁的闲话，然后我便缓缓地向她解释说：‘杀贵国公使的，并不是太后，也不是皇上，是那些无知无识的土匪——义和团。他们闯下祸早跑得远远的了。咱们两国的邦交素来和睦，以后还要恢复旧好呢，请您想开些，让让步吧！只要您答应了，旁人便都答应了。”

看，她说得多么贴切，有分寸，不卑不亢，言明大义，通晓事理，有理有情，入心入肺。她一股脑地把责任都那样轻巧地推给了义和团。看这样的一段话，你真的难以和一个妓女联系在一起，那是非精通外交的礼节和辞令方可做到的。赛金花却是历史上一个奇人，她并不仅仅是一个尤物，她也不仅仅只会风月场上打情骂俏之类的露骨情话。这大概和她当年和洪钧一起出使欧洲的经历有关，那时候的磨砺，成就了今日的功劳。

按照曾朴对赛金花的描述，这番话是“灵心四照，妙舌如莲，周旋得春风满座”。说完了这番话之后，赛金花才再适时地说出了建克林德碑的主意。她对克林德夫人层层推进，继续她的攻坚战：“你们外国人替一个为国牺牲的人作纪念，都是要造一个石碑，或铸一个铜像，我们中国人最光荣的办法，却是竖立一个碑坊。您在中国许多年，没有见过那些为忠孝节义的人立的碑坊吗？那都是能够万古流芳千载不朽的！我们给公使立一个更大的，把他一生的事迹和这次遇难的情形，用皇上的名义，全刻在上面，这就算是皇上给他赔了罪了！”

赛金花多会说啊！这是一番中西结合的说辞，你实在是不能够不佩服。她有在国外的经历，见过遍布城市的那些铜像，才知道外国人的心理和习惯；她懂得中国的传统，从铜像联想到了那碑坊，才会把万古流芳的意义和皇上赔罪的意思，都一起按在了上面，“双核”双保险一样，堂而皇之地竖立起克林德夫人的面前，让东方主义的东西弄得克林德夫人有些“晕菜”，稀里糊涂地上了她事先预备好的圈套，用一块碑坊换了慈禧太后的一条性命。

据说，慈禧太后回到北京，重新坐在龙廷之上的时候，想要召见一下赛金花的，以表彰她的忠心和壮举。但是，慈禧太后只是嘴上那么一说，并没有真正地召见赛金花。这就是一个太后和一个妓女的区别，所以俗话常说的婊子无情，有时也不绝对，在赛金花面前，真正无情无义的是太后。她把一个好好的中国弄成了这样子，在北京不可收拾，甚至侵略者要她脑袋的时候，她亡命如鼠逃窜，而站出来收拾局面的却是一个妓女，传统道德中的万恶淫为首，一下子让位于救国和爱国这样高尚的词汇。这不知道是中国历史的骄傲呢，还是耻辱？

克林德碑立于东单牌楼处，现在的东单十字路口的西侧，东方新天地大厦的前面，是当时克林德被义和团所杀的地方。如今，车水马龙，没有多少人再记住那些陈年往事，驻足看一眼那个地方了。民国六年，即1917年，第一次世界大战之后，克林德碑被移至中央公园，即现在的中山公园，改为公理战胜碑，新中国成立以后又改为保卫和平碑，同样一块碑坊上，写上了不同的字。江山有代谢，往来成古今，时间可以让很多事情不显山露水地变得面目皆非。

1902年，克林德碑立于东单牌楼处的时候，赛金花被朝廷邀请参加了揭牌的纪念大会。那一年，赛金花28岁。那碑文是以皇上的名义由李鸿章和奕劻等人撰写，其中有“克林德为国捐躯，令名远誉，虽已传播五州，而在朕惋惜之怀，则更历久弥笃”云云，如果现在还在，会让我们如何面对？

那天的纪念大会上，据说辜鸿铭见到了赛金花，他对赛金花说了这样的话：“你做过的这些义举，于社会有功，上苍总会有眼的。”

我不知道辜鸿铭究竟说过没有说过这样的话，只是知道上苍并没有长

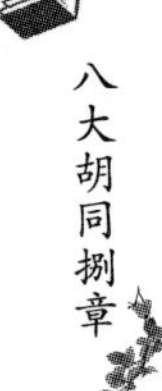


眼，赛金花日后的日子并没有那么好过。仅仅两年过后，赛金花 30 岁那一年，由于她花了一千两百两银子买了一个武清县的姑娘，以为是个雏儿，没想到早在家里有相好的，进了她的金花班后思念旧人，吞金自杀，而导致了一场官司，判了赛金花虐待妓女罪，坐了一段时间的牢，最后被赶出京城，遣送原籍。她做梦也不会知道，这样的结局，是洪钧的那位老亲家陆润庠，串通好了刑部正堂孙家鼐，让她有口难辩，吃了个哑巴亏。哪里想到，当年喜滋滋和洪状元郎的姻缘，会暗藏杀机，会是一段了不断的孽缘呢？她还会认定小时吃了状元饭就一定是前生注定的好姻缘吗？

## 五　攥着破棉被角死在寒风里的赛金花

自此之后，虽然在苏州和上海她重操旧业，虽年龄渐老，已是明日黄花，毕竟昔日名声还在，名人牌还好使，传奇也还诱人，老字号异地开张，生意依然还不错。不过，来的客人，大多并不为了欣赏她日益消却的花容月貌，或抚摸她那皱纹渐起的肉体，而更多的是消费和摩挲她的历史和传奇了。猎奇的心理，让她成为了这些人阅读的一本旧版插图本的老书，版本的意义大于书中真正的内容。她再不是昔日力挽狂澜救太后于危难之中的奇女子，而迅速还原为一个渐渐人老珠黄的妓女了。

赛金花的下坡路之快，让人无法想象而唏嘘叹息。在她 34 岁和 40 岁先后两次嫁人之后，日子并没有给她带来好运，甚至是维持过一种平常人家平稳的生活。1922 年，她的第二任丈夫去世，她带着从民国初期就一直跟着她的保姆顾妈，搬到了北京一条叫做居仁里的小胡同的一所小院里。那是靠近天桥的贫民窟。赛金花的日子如江河日下，八大胡同彻底地

抛弃了她，人们已经无情地遗忘了她。

1936年11月4日凌晨四点左右，赛金花落寞凄凉而亡。正是冬日，寒风让她在生命的最后时刻紧紧地攥住了一床破棉絮的棉被的被角，来抵御逼在窗外的朔风如刀的呼啸。

第二天清早，来这里巡查的一个叫普玉的片警，听见了顾妈的哭声，才走进小院，看到了这样凄惨的情景，颇有新闻头脑，不是立刻打电话报告自己的上司，而是先通知了报社。接电话的是当时《立言报》的编辑吴宗祜，《立言报》立刻停机改版，以最快的速度发出了独家新闻。很快，全北京城都知道了赛金花悲惨死亡的消息。赛金花再次走进了北京人视野，而这一次背景已由八大胡同变成了居仁里，身份从一个传奇人物到一个饥寒而死的孤老太太。

其实，那一年，赛金花年仅62岁。

《立言报》一出，京城的名流才有忽然想起赛金花来，纷纷捐款捐物，让赛金花有了一个不错的安葬。据说，棺材是由吴宗祜出面，先到梁家园的鹤年堂棺材铺赊的，掌柜的一听死者是赛金花，破例半价优惠。张次溪（民俗史学家）倡议把她葬于陶然亭，得到大家的赞同。题写墓碑的，现在有人说是齐白石先生，其实不确，当时，许多名流竞相要求题写这座墓碑，如清末的翰林张海若、沈元潜，书法家邵章、张伯英，雕刻家寿石公等，但都未成功，最后书写碑石的是潘毓桂。大概因为他是个臭名昭著的大汉奸，后来人们不愿意提起他，张冠李戴安在了齐白石的头上的吧？

赛金花墓最后在陶然亭慈悲庵东北侧香冢和鹦鹉冢北侧的锦秋墩上。墓为大理石砌成，碑为花岗岩，高近两米。要说够气派的了，我在广东惠州见过苏东坡的爱妾王朝云的墓，同为妓女，没有她的墓那样的气派。据说当时墓地四周还有《彩云图》、《前彩云曲》、《后彩云曲》石刻三块，《彩云图》为张大千所绘，前后《彩云曲》是樊增祥的诗。但是，如今去陶然亭，都再也无法找到这些遗存了。

现在，在惠州还能够看到王朝云的墓，在杭州还能够看到苏小小的墓，在常熟还能够看到柳如是的墓……但是，在北京，已经看不到赛金花的墓了。

无论是非功过怎样的评价与评说，王朝云、苏小小、柳如是……都无法赶上赛金花吧？作为地位最卑微的一名妓女，她却创造了所有名媛闺秀乃至那些重臣勇将甚至皇上太后都没有创造的传奇。我不说奇迹，只说传奇。

# 第四章　民国初年的八大胡同：传奇小凤仙

## 一　红颜祸水是怎么变成巾帼英雄的

平凡妓女步入历史事件，红颜祸水变为一代英雄，在八大胡同里，除了赛金花，还有一位，那就是同样鼎鼎有名的小凤仙。由小凤仙的传奇为蓝本，在上个世纪80年代曾经拍过电影《知音》，由张瑜扮演小凤仙，使得小凤仙再一次从历史的仆仆风尘中走进人们的视野，受到大众的关注和议论。张瑜演的小凤仙，总爱抱把瑶琴，见面时候弹，送别时候也弹，突出的就是高山流水觅知音的主题。

何谓知音，谁和谁知音，很显然，电影讲述的故事，正是老百姓所关注的焦点。如果没有蔡锷蔡松坡大将军出现在八大胡同，出现在小凤仙的身边，便没有小凤仙的名声能够一直绵延至今。这一点，和当年她的前辈赛金花是一样的，如果没有德军元帅瓦德西衬托着，便也不会让赛金花的名声一时如日中天。虽然，瓦德西和蔡将军，都是军人，却一个为侵略者，一个为爱国者，纵使身份不同，所扮演的角色不同，但他们身后所处的时代背景却有着相似之处，那就是都属于战乱之时，属于民族危亡之际。在这样的关键时刻，出场的，又同样是一个妓女，而且这个妓女同样用自己的贞操，又一次起到了为历史推波助澜的关键作用。于是，平常最为人所不齿的轻薄放浪的青楼女子，再一次成为了历史的主角；政治的斗争，再一次被情色化，而让文人可以抚摸，让百姓可以亲近。

如果有旗鼓相当的对应，小凤仙和赛金花则成了承前启后、前仆后继的重量级别相似的人物，让她们和八大胡同一起再度辉煌，声名大振。

关于小凤仙的身世，历来传说版本不一，大多属于春秋演义。有说她是浙江钱塘人氏，父亲是个商人，被小人算计而害得家破人亡，小凤仙被无情的后母卖到妓院，然后，一卖再卖，身世浮沉，命运多蹇。那时候，北京城南方的清吟小班吃香，南风北渐，卖到北京来的南方妓女很多，最后，她也随着这股风潮，风飘柳絮一般，被卖到北京的八大胡同里。

也有说小凤仙自幼爱好唱戏，拜戏班里的一位姓胡的老板学戏，便偷偷地跑出了家，跟着胡老板走南闯北，练就了一副金嗓子。战乱之时，戏班子解散，胡老板带着她四处流浪，沿街卖唱为生，最后流落到了北京城，又教她学会了京戏。但日子越来越不好过，胡老板实在混不下去了，暗中把她卖到了八大胡同里，自己当了领家的。所谓领家的，指的是自己从农村或外地买来的女孩，经过调教，转手租给妓院，挣来的钱和妓院四六分成，双方有合同，到期可以把人从妓院赎出领回来。

也有说她的父亲是一个正直的武将（曾任徐州总督），姓朱，是个旗人，和戊戌六君子之一的杨锐关系密切（也有说是亲戚，小凤仙就是杨锐的侄女），积极参与康梁变法。戊戌六君子在北京的菜市口被砍头，她父亲受到了牵连，也丢掉了性命。无家可归而流离失所的小凤仙，被杨锐

的弟弟杨镗收养，带着当时三岁的小凤仙从杭州逃到福建，又辗转流亡各地。前面所说的琴师，不是别人，正是杨镗，是他教她学琴唱歌，学诗作画。辛亥革命前后，杨锐的弟弟和革命党仍有瓜葛，因此，当他知道蔡锷被袁世凯软禁京城而要离京起兵的消息，他带着小凤仙来到了北京城，把她安插在八大胡同里，专门等候蔡锷将军，好演出一场英雄遇知音、美女救英雄的好戏。好像杨锐的弟弟是地下党，早已经料事如神，安排好了一切，把小凤仙当成了他手心里发誓为父报仇的一粒革命种子（小凤仙因受苦受难有了阶级的深仇大恨的基础），打进妓院，扮演一个风尘女子，专等候着蔡大将军上钩或者接头。

当然，这些都只是民间流传的传说而已，关于妓女和英雄的传说，极其容易被涂抹上厚重油彩，被演义和传说，而走形甚至变形得面目皆非，也都在理所当然之中。今天，走在八大胡同里，如果你态度真诚而谦虚，碰见好说的老人，说起小凤仙，他们能够和你兴致盎然地聊起来的，比这些更为花哨和精彩，也更为离奇和不可信。这样的传说，只能表示百姓心底的一种愿望，无形中把她美化、诗化和戏剧化。对于妓女的溢恶和溢美，从来都是历史由来已久的泛滥两极，并非仅仅是大众使然。

不过，在这些传说中，有这样几点，还是可信的，一是小凤仙确实是浙江钱塘人氏，二是小凤仙确实粗通文墨，能诗会画，多才多艺。在这后一点上，她强似赛金花。赛金花虽然跟着洪状元学过几天的字，但基本不通文墨；她在当清倌的时候，是被人拉上花船的，艺技方面，不是科班出身，赶不上人家的，她自己坦白承认："我不会唱，因为从小没有下过工夫，临时赶着学些，那就差多了。"

但是，在长相方面，她和赛金花都属于那种小巧玲珑南方女子，也都说不上有什么沉鱼落雁闭月羞花之貌。有人说她最大的特点，是肤色极白，瓜子脸上长着一双丹凤眼，一只弯弯嘴角的小翘嘴，要比赛金花更风情一些。看照片，比起赛金花，她要略显得秀气些，个子也高一些，但我是没有看出来她有什么特别的迷人之处，因此，现在实在是想象不出，当初为什么她就能够一下子让蔡大将军拜倒在石榴裙下。

当时蔡锷是云南督军，手握兵权，镇守边疆，权倾一时。袁世凯为称帝拉拢蔡锷，请蔡锷进京，封为“始威将军”，当他复辟的左膀右臂。当袁世凯看出蔡锷并不对他忠心耿耿，而是反对他当皇帝的美梦的时候，他便把蔡锷软禁起来，不准他离京，怕的是他跑回云南起兵反袁。那时候的蔡锷，落落寡欢，志不得舒，犹如笼中之兽、匣中之剑，空有一腔爱国的抱负，而只能仰天长叹。

那时候，蔡锷住在西城的棉花胡同，整日里无所事事，如驴拉空磨，陡磨斗志，让他觉得如芒在背，度日如年。他的身后常常有袁世凯派来的暗探狗一样的跟踪他，让他更觉得行动不自由，无法和外界交流。百般无聊之时，他便常常化妆成商人的模样，串八大胡同，找妓女去寻欢作乐，用一时身体之快感，排遣忧愁，闹得风风雨雨，京城里几乎无人不知。历史上历朝历代都是这样，只要不关乎政治，只是玩玩女人，当权者是不会真正的放在心上的。袁世凯一看他是在寻花问柳，声色犬马，而不是四下串联，图谋不轨，心想英雄难过美人关，这样能够消磨消磨他更好，便也放下心来，随他去了。

那时候，小凤仙住在八大胡同里的陕西巷里的云吉班。这个地方，现在还在，位于陕西巷的中段，路东。门脸不大，里面的院子却很深，院子里，绿荫匝地、闲花满阶，乍一看，有一种庭院深深深几许的感觉。仔细

看，它是一个套院连着另一个套院，每个院子里都有一座一色齐齐整整青色磨砖对缝的二层小楼，是那种中西结合式样的小楼，前有宽敞的跑马廊，后面的房子切成了一个个的玲珑房间，雕镂挂络，绿窗红床，古色古香，香艳诱人。

那一天，蔡锷大将军，就是在这里遇见了小凤仙，和小凤仙一见如故，有了历史意义的风云际会。一时间，恍然之中，竟有了古路无行客，寒山独见君的感觉；也有了敛眉俱握手，含笑共衔杯的场面。

这样来说，并非夸张，也并非有意渲染。实在是当时他们两人相见之后，蔡大将军盛赞小凤仙："风味独一无二。"小凤仙则不是就坡下驴，也说几句应承的过年的客气话，而是瞅了瞅他说："你不像是个商人，而定是个不凡之人。"都是走南闯北的人，见多识广，品得出话是嫖客的挑逗，还是妓女的逢迎；是虚火缭绕，还是真情流露。这样的对话，让彼此心里都兴奋，也让彼此的心里都有些暗暗一惊。所谓同是天涯沦落人，相逢何必曾相识。

于是，便有了下面的一段精彩对白——

蔡锷："京城乃繁盛之地，游客众多：王公大臣，不知多少；公子王孙，不知多少；名士才子，不知多少。我贵不及人、美不及人、才不及人，你怎么就说我定是不凡之人呢？"

小凤仙："现在举国萎靡，无可救药；天下滔滔，国将不国；贵在哪里？美在哪里？才在哪里？我所以独独看重你，是因为你有英雄气概。"

蔡锷："何以见得？"

小凤仙："我仔细看你的样子，外似欢娱，内怀郁结。我虽然女流之辈，倘蒙不弃，或可为你解忧，休把我看成青楼贱物！"

之所以抄录上述一段，是因为我不大相信蔡锷和小凤仙在第一次见面的时候，会有这样的对话。显然是有意编排的，像是剧本里安排好的演员对白的台词，方才可能这样的阴阳顿挫，铿锵有力。

我相信小凤仙会有一双慧眼和一颗丹心，但她毕竟是一个青楼女子，初次相见，接客是主要的任务，是她谋生的必要。即使她真有一腔阶级的深仇大恨，要报杀父之仇，也真的识得出蔡锷，倾情说出心里的话，也得是在以后她和蔡锷相熟相知的日子里，絮棉被一样一点点把棉花铺垫好才行，断然不会如此急不可耐地就滔滔不绝地说出这样一番仁人志士的革命理论来。特别是那“国将不国”的话，怎么听，怎么像是鲁迅先生当年说过的话。

我也相信蔡锷将军会用放浪形骸的方式，作为一种伪装，掩饰着内心的焦灼和无奈，掩饰着无力改变又渴望改变现实的思想矛盾与冲突。但是，他毕竟还是一个人，是一个从封建社会里走出来的人，在那个时代到风月场上排遣心绪，发泄郁闷，则是士大夫一种普遍认同的行为方式。而且，他家中尚有两房夫人，在和小凤仙交往的时候，他和另外一名童伶关系也异常密切，一脚同踩两条船。为此，气得老母和他的大太太先后离开了北京，回云南老家去了。完全滤掉了情色，而将蔡锷和小凤仙头一面的对话弄成为了众里寻他千百度一般的革命者的对话，实在有些笑话，倒是把历史和革命情色化了。

倒是有这样的一说，值得相信：蔡锷很想娶小凤仙，曾经专门请曾朴做媒，来说服小凤仙。蔡锷算是找对了人，曾朴是《孽海花》的作者，自己写过的赛金花是妓女，自己娶过的姨太太也是妓女，对妓女当然很是了解，说得上话；更重要也更巧的是，小凤仙十三四岁落魄的时候，他曾

经买过小凤仙当保姆，还曾经和小凤仙有染。世界就是这么点儿大，风月场和官场和文场连得就这么紧，事情巧得莫说曾朴不敢相信，就连小凤仙也不敢相信。不过，这一节外生枝，倒让小凤仙确实看到了蔡锷对自己的一片真心。我想，上面的那段对白，他们起码应该放在这时候说，才稍微合适些。

最有意思的一点是，不少书中用传说的方式，说蔡锷将军在云吉班初次过夜的时候，看到床上落红点点，被褥都被染红朵朵梅花，原来小凤仙居然还守着一副处女之身，专门在那里守候着蔡将军的到来。这就更有些离奇得离谱了。如同赛金花说自己在嫁给洪钧之前，还只是一个清倌而已，卖艺不卖身，守身如玉，只待知音。这无疑是有些美化青楼女子了。这样的美化，也自有道理，在小凤仙献身革命的同时也献身英雄的传奇中，重视如此的可读性和世俗性，更重视包括在其中的纯粹性，是既包含着精英的理想，也包含着大众的趣味在内的。

不过，当小凤仙和蔡锷相熟之后，有一天，蔡锷在云吉班兴之所至，书写了一副对联送给小凤仙，我倒相信是确有其事的。

这副对联是这样写的——

自古佳人多颖悟

从来侠女出风尘

这副对联写得不错，吻合小凤仙的身份和性格，也流露蔡锷的心情和感情。蔡锷曾拜过梁启超为老师，文采还是有的。他将小凤仙比做侠女，内心里已经把她定型，匡定了她与自己不仅仅囿于儿女情长，而是和革命大业的密切关系。一个侠女的侠字，如此的超尘拔俗，剑胆琴心，便让小凤仙和赛金花在危难之中凭借着一口流利的德语和善于外交的周旋而救国的行为与性格，拉开了距离。当然，两人都有胆有识，但在胆识之中，如果赛金花是属于那种智慧型的，是一名说客；那么，小凤仙则属于那种义薄云天型的了，是一名侠女。同时，如果赛金花和瓦德西真也有什么关系的话，毕竟瓦德西是 68 岁的糟老头子了，而当时蔡锷风华正茂，两相相比，人们更容易接受英雄配美人，而不大接受老少恋的。蔡锷和小凤仙正是人们心目中这样的宝剑赠英雄，宝马配美人的传统心理构架的。

据说当时蔡锷在这副对联的上方题写一句："凤仙女史灿正"，但下面没有署名。小凤仙有所不满，对他说："你我虽贵贱悬殊，但又何必隐姓埋名?"

他才只好写上了"松坡"二字。松坡是他的字，小凤仙立刻明白了，眼前跟自己一直缠绵悱恻而又多有心思契合的壮士，就是大名鼎鼎的蔡锷将军。当场，小凤仙便把自己的舌头咬破，流血滴落在对联之上，以示自己对蔡锷绝对的忠诚，将会和他一起为倒袁大业共赴生死，在所不辞，做一名名副其实的侠女。

我对这一场景，虽也起疑，特别是小凤仙咬破舌头，血滴对联上面的情景，实在有些像《桃花扇》。但还是宁愿信其有，不愿信其无。因为这很符合小凤仙的侠女之性格，面对对联，尚且能够咬破舌尖，到了需要她的时候，"万一禅关砉然破，美人如玉剑如虹"，她是一定能够豁出性命，和蔡将军同走黄泉的。在众多的贵妇名媛面前，小凤仙的冷艳逼人，在这里，形象才被真正树立起来。

袁世凯称帝，蔡锷亡命日本前夕，曾经特意跑到陕西巷的云吉班，是

小凤仙的帮助和掩护，那天正好云吉班里有姐妹过生日（有说是蔡锷自己过生日，不可信，因为太巧），她故意把窗户打开，将蔡锷将军的大衣和帽子挂在衣架上，来了个调虎离山计，让人误以为蔡锷一直在艳窟香窝里沉湎，却是在一片钗光鬓影和软语娇香中，早已经趁着热闹的乱劲儿，小凤仙拉着蔡锷将军走出大门，躲过暗探的眼睛，不显山显水地陪着蔡锷到了前门火车站，和接头的人拿到了梁启超早替他们买好了的火车票，跑到了天津，然后立即转往上海，渡海直奔日本去了。

这是 1915 年的 11 月，将近一百年前的冬天，和现在冬天的天气一样吗？无论北京，天津，还是上海，云吉班的老楼和老窗还在，老的车站和码头也还在，却一切都已经物是人非了。

小凤仙和蔡锷将军是在天津分手告别的，现在已经不知道，告别之际，是种什么样的凄恻场面了。只知道蔡锷对小凤仙说，倒袁成功时一定接她团聚。自古多情伤别离，据说，小凤仙为蔡锷唱了三段岔子曲，作为离别的礼物。虽然，我并不相信真有其事，小凤仙能文能诗，填写个曲词，是没有问题的，只是大难当头，有人盯视跟踪的时候，还有心思唱小曲，总让我觉得像是话本评书或影视里有意的安排（电影里，张瑜是弹的古琴），故意在紧急关头宕出一段时间，让主人公来缓缓抒情，一展襟怀。但是，在这唱词中表现了小凤仙同蔡将军一起视死如归的精神，还是吻合她的性格的，也是足以令人感动的。即使是后人特意填写添加上去的，也不妨当做她的心曲的袒露，值得我们一听。

三曲如下——

《柳摇金》："骊歌一曲开琼宴，且将子饯，你倡义心坚，不辞冒

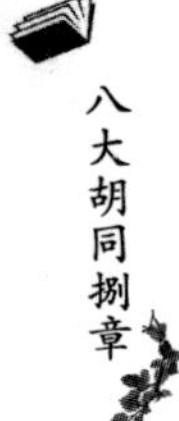


险，浊酒一杯劝，料着你食难下咽。你莫认作离筵，是我两人大纪念。”

《帝子花》：“燕婉情你休留恋，我这里百年预约来生券，切莫一缕情丝两地牵。如果谋未遂，或他日啊化作地下并头莲，再了前生愿。”

《学士中》：“你须计出万金，力把渠魁殄灭。若推不倒老袁啊，休说你自愧生旋，就是侬也羞见先生面。要相见，到黄泉。”

蔡锷从日本暗度陈仓回到云南，组织了“护国军”，竖起讨袁大旗，打响讨袁第一枪，起兵征伐，轰动全国。这里面，应该也有小凤仙的一份功劳，当时有人就说：是小凤仙间接推翻了袁世凯。一个妓女，有如此之大的功力，实在是奇迹。

袁世凯终于在全国人民的讨伐中，没有做成几天的皇帝梦而下台死去。但蔡锷将军因病魔在身，又操劳过度，大树一般，终于坚持不住，倒了下去，送往日本医治，死在日本的福冈。年仅37岁。传说在上海召开蔡锷追悼会的时候，小凤仙曾经一身洁白的孝衣，悄然而至，还送来两幅挽联——

不幸周郎竟短命
早知李靖是英雄

九万里南天鹏翼，直上扶摇，那堪忧患余生，萍水姻缘成一梦；
十八载北地胭脂，自悲沦落，赢得英雄知己，桃花颜色亦春秋。

我是很怀疑这两副挽联的真实性的。虽然，这两副挽联写得确实很不错。我猜想大概为后世的文人仿照小凤仙的语气所杜撰出来的，倒不是不相信小凤仙也能够有这样的文采，而是觉得那个时候，作为当事人且还是妓女身份的小凤仙，不大可能一下子把自己暴露得如此彻底，也不大可能如史学家一样将一个英雄和一个妓女的事迹概括得如此完整而精粹。

当然，这只是我的猜测而已（后查资料，有说对联是小凤仙特别请《孽海花》的作者曾朴所写；也有说是当时以捧戏子和妓女出名的文人樊云门所写）。纵使不是她写的，也并不妨碍我们对她的尊敬，她的人生历史中因有和蔡锷将军的这一段经历，而显得出污泥不染，凛风霜不枯，而不再仅仅是云吉班小楼床榻上的一块性感的肉块，陕西巷里妓院门内高挂的一块鲜艳的花牌，供别人春风一度。从红颜祸水到巾帼英雄的过渡和跨越，并不是所有青楼女子都完成的。只有如她小凤仙和赛金花少数人，才能够创造出这样的传奇。

## 二　国家大事和青楼艳史搅和在了一起

除了小凤仙和蔡锷将军的传奇经历之外，还有这样一段经历，一般不大为世人所知，但确实一样足可称道。

相传在云吉班里，还有一位叫雅梅的妓女，是小凤仙的好朋友。在蔡锷将军常常来云吉班里找小凤仙的同时，也有一位回头客，常常光顾这里，不找别人，专找雅梅。这位常客，是个大学生，名叫金云麓，和蔡锷将军一武一文，威武与儒雅相呼应，为云吉班增光加彩。好的主顾，总是给云吉班带来不少声名，而且又有更多的钱可赚，让老鸨自然很是得意。一时间，莫说在陕西巷，就是在所有八大胡同里，没有一处能够赶得上云吉班风光的了。

不要说雅梅和小凤仙都绝对没有想到，就是云吉班的老鸨也绝对不会料到，竟然有一天，袁世凯会和雅梅有什么瓜葛，而且一下子让雅梅凭空遭遇意想不到的灾难。如果说小凤仙和袁世凯有什么瓜葛，倒可以理解，毕竟她和蔡锷将军的关系，遭到袁世凯的忌恨、打压，把她抓过去，置之于死地，都还说得过去。而雅梅从来和袁世袁八竿子打不着，一丁点儿关系都连不上的呀。世事就是这样的奇怪，命运就是这样如一个瞎老太婆缝的渔网，谁知道哪一个网眼破了，便立刻连带着所有的网眼，一个渔网拽着自己，把自己沉入水底。

这要讲袁世凯了，他有两个儿子，大儿子叫袁克定，二儿子叫袁寒云（即袁克文）。都是儿子，都是浪荡公子，却性情和志向大不相同。袁克定性格强悍，紧跟着父亲屁股后面，积极参与鼓吹复辟帝制的筹安会的活动，梦想着他爹能够当成皇上，自己当一把皇太子威风一回。而他的弟弟袁寒云，性情柔弱，不关心政治，只喜欢舞文弄墨，吟诗作赋。不过，两位公子，有一个共同点，就是都爱逛八大胡同。虽都是逛八大胡同，却是各有所图，袁克定是和筹安会或参众两院的议员们来这里，一边风花雪月，一边参政议政，醉翁之意不在酒。袁寒云则是真的沉浸在这里的温柔乡中，一时乐不思蜀，最后，他看中八大胡同里清音小班里的一个叫薛丽清的妓女，自然，这位上海来的妓女长得如花似玉，又懂得风情万种，很讨袁寒云的欢心。他便掏出大把的银两，替薛清丽赎身，召进宫里，作为了自己独自享用的压寨夫人。

不过，因为薛丽清毕竟是个妓女，袁寒云怕父亲袁世凯嫌弃而不答应，不仅一直没有敢明媒正娶，索性压根儿就没敢和父亲说这桩事情，就这样明铺暗盖，一拖再拖，得过且过。开始的时候，薛丽清不敢深说，现在，已经跟着他厮守一年有余，还为他生了一个儿子，心里的底气渐渐攒足了，便想，生米不仅煮成熟饭喂饱了你，连带下酒菜都为你做好了，就等着你端酒壶了，你倒好，你这样软骨头一个，还不敢跟你爸爸明说，这样不明不白的日子过到哪一天是个头呀。

薛丽清正气不顺，要和他摊牌发作的时候，没有想到，厄运先她一步找到了袁寒云的头上了。

倒霉就倒霉在袁寒云喜欢吟诗弄赋上了，有一天，大哥看见他刚刚写好的一首诗，墨迹未干呢，他没觉得有什么，袁克定警觉如警犬，却看出情绪不正，这是一首反诗，是反对父亲称帝的反诗，便立刻报告给袁世凯。那时候，袁世凯正做梦都想当皇帝想的发疯之时，一怒之下，不分青红皂白，把袁寒云关进北海软禁起来，不允许他再出门了。这一下，老婆薛丽清不干了，气火攻心，对他发泄着早憋了一肚子的不满："我从来也没有想跟着你当王妃，但也犯不上跟着你一起在这里遭关押!"一气之下，丢下孩子，独自跑回上海，艳帜再张，旧业重操起来。

让袁寒云难堪的，还在后面。薛丽清走后不久，正赶上袁世凯大寿，过生日那天，儿孙一一给他磕头，他看见一个保姆抱着袁寒云的儿子也磕头，觉得奇怪，从来没有见过这个襁褓中的孩子啊，便问这是谁的孩子，保姆抱着孩子，本来就胆战心惊的，生怕袁世凯问孩子的事，偏偏问到了自己的头上，一时慌了手脚，不敢说瞎话，只好实话实说。袁世凯看保姆吞吞吐吐，心中起疑，又问孩子的母亲怎么没有来？保姆更是怕得要命，忙道出了实情，说孩子他妈住在府外，没有获得皇上的恩准，不敢入宫。谁想那天袁世凯高兴，说孩子都生下来了，还有什么不敢的，赶紧召孩子他妈进宫吧，毕竟是家里添丁进口的好事呀！但说要人进宫，可人上哪儿找去呀？要是找不着人，又该如何向袁世凯交代呀？

袁寒云麻了爪儿，抓了瞎，有人给他出主意，薛丽清是从哪儿找来的，你就还上哪儿找去呗！袁寒云一下子心领神会，赶紧去八大胡同找替身，先应付了袁世凯再说。到了八大胡同，熟人先向袁寒云随口报了几个妓女的花名，怎么那么巧，偏偏里面就有雅梅的名字，袁寒云已经到了火要上房的地步了，哪还顾得上仔细挑选，饥不择食，听着雅梅这名字不错，索性隔山买牛吧，先急不可耐地说：就是她吧！

得，阴差阳错，雅梅就和老袁家拉上了钩。山和山原本离着老远，根本不会走到一起来的，却怎么这样的巧，偏偏就走到了一起来。

袁家派军警到云吉班来要人，雅梅闻讯躲进了小凤仙的屋子里，哭哭啼啼地要小凤仙帮她救她。小凤仙把她藏了起来，可就那么一间屋子半个床，能够藏到哪里？况且，老鸨早已经拿了老袁家的五千大洋，钱能通神，便轻而易举地就把雅梅找了出来，乖乖地让袁家带走。从小凤仙的屋子走出门之际，雅梅机巧地塞进小凤仙手里一张小纸条，那是她请小凤仙转交给她的情人金云麓的。

八大胡同，能够小瞧吗？繁衍的故事，可是多着呢。每一个妓女，都是一本书，如果翻开来，都不见得比小凤仙或赛金花的跌宕起伏的情节差多少。

小凤仙在手心里展开这张小纸条，惊呆了。她没有想到，金云麓是革命党，和蔡锷将军一样，也是从事倒袁称帝的地下活动的。而雅梅和自己

一样，也是暗暗同情并支持他的。只是金云麓要南下讨袁，没有盘缠，雅梅答应帮她筹足盘缠的，却一下子被袁家抓走。小凤仙当然明白这张纸条的意义，任务已经从雅梅转交到她的手里。

蔡锷来云吉班时，顾不上亲热，小凤仙先把这件事告诉了蔡锷，蔡锷立刻安排好让金云麓第二天从天津乘船到上海，并联系好让他找梁启超，由梁启超帮助他的行程一切（这方法和途径和日后蔡锷自己逃跑出京完全一样，像是一场事先的演习）。

当金云麓来到云吉班，没有见到雅梅，有些麻爪儿，毕竟年轻还嫩。大概有着和蔡锷大将军这一段接触，受到了革命的锤炼，小凤仙倒是很沉静，先让他不要着急，告诉他一切已经帮他安排妥定，让他在这里先坐一会儿再走，走的时候要尽量像没事人似的，因为眼下云吉班四周布满暗探的眼睛，她塞给他事先已经为他筹措好的费用，一边嘱咐他晚上六点钟再来，和自己接头。

晚上六点整，金云麓一身笔挺的西装，准时来到了云吉班的门前，小凤仙已经叫好了一辆小汽车，招呼他坐进车中，叫司机去六国饭店参加舞会。坐上车，小凤仙才发现，司机很可疑，定是袁世凯派来的密探。这一天蔡锷和金云麓在云吉班的频繁出入，已经引起了老袁的注意。金云麓毕竟是羽毛未丰的大学生，没有想到，刚刚坐上车不久，小凤仙就瘫软地依在他的怀中。虽然都是妓女，逢场作戏，卖笑生涯，本不足为怪，但毕竟小凤仙是知道自己和雅梅的关系的呀，怎么雅梅刚被抓走，她就情不自禁成这样子呀？她不是说好要帮助我奔赴南方的吗？怎么能够乘人之危拉我下水呢？金云麓越是想挣脱，小凤仙越是靠得更紧。司机从反光镜中看得清楚，一个老牌的妓女，和一个毛头小伙子未谙风情地拉拉扯扯，便放松了警惕。

下了车，走进舞厅，刚刚落座，小凤仙发现座位旁也有密探，她拉着金云麓的手，一步先下了舞池，一边跳着舞一边把一张写好的纸条塞进了他的西装口袋里，并且伏在他的耳边，故作亲热状一般，轻轻地告诉他：接头的暗号都在纸条上，小心，四周都有密探！

这则故事的结局，我不大清楚，肯定的是，悲欢离合一杯酒，南北东西万里程，情人的凄然别离，爱情的悲惨失去，却造就了金云麓革命大业的成功，他找到了梁启超，奔赴南下倒袁去了。但雅梅被抓到袁家以后的命运如何，我就不知道了。无论她到底是在袁家，还是跑出了袁家，有人说她最后都是凄凉地死掉了。这当然是悲剧的最好处理方法了。大众在对待这样的题材，一般容易惯性一般地就把悲惨的命运强加在弱女子的身上，而忽略了自己的内心是否过于无情，过于强硬而生硬，只是以后流一掬眼泪，再做日后的心理补偿了。

对这则故事，我是半信半疑的。如果是真的，这一切环环相扣，太像电影里编排的地下斗争的情节了。如果是假的，袁寒云，小凤仙、雅梅和金云麓，甚至那个上海的妓女薛丽清，都是确有其人的。

这则故事，讲的虽然是袁寒云和雅梅、金云麓之间的阴差阳错、悲欢离合，主角依然是小凤仙，虽然，她在其中的戏份并不多，却是在关键时刻出场，演的是压轴的戏。在这里，她依然是那样的深明大义，那样的机智果敢，那样的性感动人，而且，依然是一副侠女的形象。

如果我们在这则故事中抛开小凤仙，而只看雅梅和金云麓，那么，我们会发现，其实他们是小凤仙和蔡锷将军的翻版，是他们的拷贝，或者是仿作。彼此一样的一个妓女一个革命者的身份，一样的妓女心地善良而深

明大义，一样的革命者斗志坚定视死如归，最后一样的有情人难成眷属，天各一方，蓬山此去无多路，青鸟殷勤难探看。

如此惊人的一致，可以看出，人们还是喜欢把国家大事和青楼艳史搅和在一起，将棱角分明的政治角逐和暧昧的身体交易、欲望征伐交织在一起，让历史进展的高潮部分，和妓女闺房里的情色高潮部分叠印在一起。从另一个侧面，它反映了那个时代的扭曲和变形，它体现了百姓对世人特别是那些有权有势的大人物的不满，而将内心的一部分愿望倾注在青楼弱女子身上，故意做出如此强烈的对比，让薄悻妓女和英雄一起承担和占据了国家脊梁的责任与位置。所以，夏衍在《懒寻旧梦录》中说："庙堂上大人物的心灵，还不及一个妓女。"

如此惊人的一致，还能够让我们看出，小凤仙和雅梅的出现，已经和赛金花时代有所不同，烟花女子，虽然和赛金花一样可以充当历史的主角，但赛金花赢得历史，却没有赢得过爱情。小凤仙们却可以在赢得革命的同时，也赢得了爱情。这是完全不同凡俗的地方，是在之前和之后都不曾发生的奇迹。

一方面，我们可以看出，作为那个时代的妓女，毕竟还秉承这中国古代艺妓的传统，没有将青楼文化变成简单而赤裸裸性的泛滥之大全，她们还保持着那个时代中难得的底线和秉性，方才有可能出现如小凤仙一样不为金钱和情色的义举和壮举，便也才能够栽下什么种子开出什么花来，为自己赢得一份在妓女中难得一见的爱情。

另一方面，我们也可以看出，革命加爱情，已经成为了一种新的模式，小凤仙和蔡锷开这方面之滥觞。以后包括左翼文学中革命加爱情的文学样式，无一不是这样的变种，都能够从这里找到其渊源和脉络来。

## 三　晚境中红颜未老的小凤仙

蔡锷死后，小凤仙的日子和命运如何，历来版本不尽一致。

一说，小凤仙重回陕西巷的云吉班，先是遭到了逮捕，放出来之后，云吉班一下子顾客盈门，因小凤仙和蔡锷将军的风流韵事，让小凤仙和云吉班一起名声大噪，馋猫馋腥的人不少，都想分享蔡锷将军的同靴之乐。这一点，和赛金花非常相似，无论是在状元郎洪钧死后，还是在德军元帅瓦德西走后，赛金花在风月场上的生意，也是因有洪钧和瓦德西而越发的红火。她们两人这种命运的相似，说到底，是世俗更是历史还是把她们只当成了“二房”，而从来没有升堂入室，成为真正意义上的主角。趋之若鹜的人们，与其说是为了和她们销魂，梦寐以求图得性欲的发泄，消费的是她们的肉体，不如说是消费她们以往的那些往事，是一种集体的意淫而已。

这一说的后面发展，是令蔡锷将军的部下尤其不容，认为小凤仙败坏了蔡将军的一世清名，小凤仙为维护蔡锷将军的名声，表示自己为蔡将军从一而终，自此闭门谢客，不久便离开了八大胡同，漂流四海，不知所踪。

另一说，小凤仙一身素衣，送两副挽联，到上海参加蔡锷将军的追悼大会，在追悼大会上，悲恸至极，哭得晕倒在地，被一位叫苏芸的小姐发现。苏芸是写《孽海花》的作者曾朴的学生，也是小凤仙的朋友。她把小凤仙搀扶起来，安顿好，等小凤仙苏醒过来，相约回北京找小凤仙再作详谈，谁想等苏芸回到北京，到陕西巷的云吉班里找小凤仙的时候，小凤

仙已是人去楼空，而只留下的一封绝命书。

相传这一说后面的发展，是小凤仙离开八大胡同，又来到前门火车站，坐上了开往天津的火车。这样的路线，这样的地方，这样的火车，都是那样的熟悉，不久之前，她便是牵着蔡将军的手，走过的这一程的。旧地重走，是一种什么样的感觉？如今，惊风落叶，漂零客心，她和蔡将军还能够是一样的吗？独在异乡为异客，人自伤心水自流，坐在开往天津的火车只剩下自己独自一人，她越发伤心难耐，上一次，坐在火车上，即使情形紧迫，甚至性命攸关，身边还有蔡将军呀，如今，记取车上和窗外的一切熟悉景物，却只剩下自己独自一人凄然面对，她便下定决心吞安眠药片自杀。赶巧那天火车出了事故，颠簸摇晃的车厢，颠倒了她的药片，让她活到了天津。

或许是蔡将军让她不死吧，日后的生活，让她苟延残喘地活了下来。一说，她活到了 1954 年；一说，她活到了 1976 年。总之，她活到了新中国成立以后，一生跨越了几个时代。

据说在天津，她先嫁给了一个奉系的师长，然后随夫来到了沈阳，日本统治时期，这位师长成了汉奸，她的命运随之起伏。1949 年，解放前夕，她再次嫁人，嫁的是一位姓李的锅炉工（也有说是嫁给陈姓的一个厨师）。李年轻时曾经在张大帅府上做过事，那时，小凤仙常到张大帅府上看赵四小姐，李认识她，便有了这样的一段姻缘。和李结婚时，小凤仙大约五十开外。那时，李带着一个 14 岁的女儿，小凤仙很喜爱这个孩子，待她如自己亲生的一般。

小凤仙从此在沈阳一间破旧的平房里，过着普通人的普通生活，谁也不知道她的过去，她和蔡锷将军的往事，落花流水春去也，深深地埋在了往昔凋零的日子里，连她自己也快要忘却干净了。

生活是安定了，但日子过得却很艰难，小凤仙只好给一个姓张的干部家里当保姆，自己给自己改名叫张洗非。这个名字改得颇具新时代的含义，她已经彻底和过去告别了，而且，她把自己的往事都看成了需要改正的“非”了，那么，燕青和李靖，以及她一生最爱的蔡大将军，都不再是英雄了；而她自己便只剩下了妓女的一种身份，而羞于提起了。世事的变迁，能够让再坚硬的心被水滴石穿，也能够让再细软的心磨出厚厚的老茧，沧桑的变化，让人心和是非跟着一起变幻无常。

1951 年，小凤仙听到这样一则消息，梅兰芳带团到朝鲜战场为志愿军演出，要路过沈阳。小凤仙就用这个张洗非的名字给梅兰芳写了一封信，问候梅兰芳之后，问他是否还记得她（幸亏她在信后又写上了小凤仙的字样，要不梅兰芳真的不知道这个张洗非是何许人也），她希望能够在他经过沈阳的时候见他一面。梅兰芳收到信，非常吃惊，因为自从小凤仙离开北京，几十年来消踪匿迹，谁也不知道她的下落，居然她跑到了沈阳。梅兰芳对小凤仙十分敬重，他曾经说过类似这样的话，意思是人家豁得出性命和袁世凯干，而我们只能在舞台上唱唱戏。

梅兰芳来到沈阳，住在东北人民政府交际处的招待所，他约小凤仙见了一面。据说，那一天，小凤仙穿上最好了衣服，带上锅炉工的女儿，一起去见的梅兰芳。离开北京的八大胡同，她第一次向外人谈了自己的童年身世，自己和蔡锷将军的关系，当年又是如何潜逃到天津的。同时，她也向梅兰芳诉说了自己的难处。

我一直对小凤仙和梅兰芳这次会面很感兴趣。但是，留下的资料却这样的简单。我无法想象当时真正的情景。一个当代名伶，一个当代名妓，

在过去的年代里，他们曾经有过相似低人一等的经历（在过去优伶和娼妓是一个地位的），而新中国成立之后，优伶的地位明显提高，娼妓却彻底被打入十八层地狱之中。如果说过去，小凤仙和梅兰芳的地位相当，甚至因为有她和蔡锷将军的那一段传奇而令人更高看一眼；那么现在，他们之间的地位，已经差出十万八千里。为什么小凤仙还要找梅兰芳呢？凭着她侠女一样的性格，她已经隐姓埋名那么多年，多少难熬的苦楚日子都过去了，她从未想过手心朝上求过人，为什么这一次要向梅兰芳求救呢？

我只能这样想，她一定是到了非常困难的时刻。

而且，还有这样的一个细节：她特意带着老李那个已经 16 岁的女儿。她一定是为了这个孩子啊。尽管她不是自己的亲生的孩子。

每逢想到这些的时候，我的心里都会惊惊地一颤。小凤仙，一个过去的青楼女子啊，她的心却是怎样的啊。并不是除去巫山不是云，并不是曾经沧海难为水，并不是所有的青楼女子都是一样污浊的人生污浊的心啊。

梅兰芳一定认真听完她的讲述，而她的讲述一定是有节制的，而非一般女人痛说革命家史一般的哭哭啼啼和絮絮叨叨。梅兰芳认真地帮她找了当时东北人民政府交际处的处长，这位处长正负责接待他。两个月后，这位处长帮助小凤仙在政府机关当一名保健员（也有说是在政府机关的一家幼儿园工作，干一些负责发放儿童服装的轻松的活儿），不管怎么说，她有了一份正式稳定的工作。她给梅兰芳写了一封表示感谢的信，梅兰芳没有给她回信，倒不是不礼貌，而是有意在保护她，不愿意引起人们对她的注意，怕引起节外生枝。在那个一切以阶级斗争为纲的年代里，小心不为过。关于小凤仙对他讲的一切，除了对身边的秘书许姬传讲过，梅兰芳没有对任何人提到一丝一毫。梅兰芳一生到死都为小凤仙恪守着秘密。

晚年的小凤仙，生活说不上多么幸福，却也说不上如何悲惨。如她一样的一代名妓，从清朝活到民国，又从民国活到新中国成立以后，应该是绝无仅有的奇迹。如同一座桥，虽然算不上多么雄伟的桥，却跨过了三道大河。

锅炉工去世之后，她和他的女儿一起生活。她爱喝酒（大概是在云吉班里和蔡锷将军一起开怀对饮时练出来的酒量），她爱听评书，她爱干净。她有一个柳条箱，据说是当年住在八大胡同时，在前门大街的一家杂货店里买的，她就是带着这只柳条箱，毅然决然地离开了八大胡同，离开了北京。在颠沛流离的日子里，她丢了许多东西，唯独留下了这只箱子，总跟着自己四下飘零。谁也不知道这只箱子里放着她什么样的宝贝，她从来也不拿出来给别人看。只是在偶然的时候，她会自己一个人，打开箱子，悄悄地看，看过去的岁月，看自己的青春，看一去不返的乱世传奇。在那些暗淡的日子里，也许，只有这样的偶然的灵光一闪，惊鸿一瞥，让她多少有些安慰，也引起她久久未有的感慨。她掀开了历史尘埋网封几乎被人忘却的一角，她掀开了自己含泪带笑神秘而苍凉的一隅。

有说她在政府机关（不管是保健员还是幼儿园），工作了刚刚一年多的时间以后，患上了老年痴呆症，身体状况每况愈下，于 1954 年去世。据说死前她一直张着嘴想说话，却呼吸困难，怎么也说不出来了，七天之后，才终于咽下了最后一口气，而撒手人寰。她没有任何一个亲人，谁也不知道她最后想对什么人说些什么话，她把自己的一切都带到了另外一个世界。

历来对她的出生年份说法不一，有说她生于 1900 年，也有说她生于 1898 年。如果是 1954 年去世，她活了大约不到 60 岁。

也有说她死于1976年。这该是一个奇迹，因为她居然熬到了“文化大革命”时期。

据说，那时候，锅炉工的孩子嫁人，家中只剩下了她孤独一人，一个好心的邻居把她接到自己的家中照料她。有一天，她听广播，里面正说她和蔡锷将军的事情，开头，她有些茫然，觉得恍若隔世，不知今夕何年；渐渐的，一种霓裳舞曲浑抛却，独自花间扫玉阶的感觉袭上心头。光阴似箭，红颜已老，韶华难留，一晃到了珠落玉碎，蕙怨兰愁的地步，本来觉得往事早都忘记，却谁想还是这样须眉毕现的突然和自己撞个满怀，她禁不住潸然泪下。邻居非常吃惊，忙走过来问她怎么啦？离开北京的八大胡同半个多世纪了，她第一次情不自禁对人说出了自己的身世，指着无线电的戏匣子说：“那里面说的就是我的事情啊！”然后，她意识到自己说漏了嘴，赶紧对邻居说：“你一定替我保守秘密，不能对外人说啊！”那邻居早惊呆在那里，望望她和无线电，不敢相信一切是真的，只是一个劲儿地点着头。

据说，她是在上公共厕所的时候，突然脑溢血，倒在了地上，再也没有起来，并没有遭什么罪。那个公共厕所就在她自己家旁。

如果是1976年去世，她活了70多岁。按照我国传统讲究的五福，即寿、富、康、德和善终，她的一生虽然算不上富贵、健康，也说不上长寿，起码占着其中的德和善终两样。对比她的那些其他沦落风尘的姐妹们，她应该算是福气之人了。

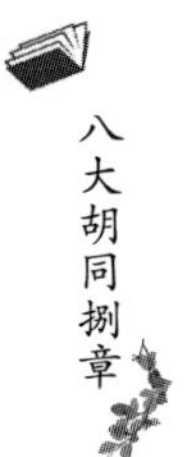


# 第五章　民国时期八大胡同的命运沧桑

## 一　黄花苑：八大胡同衰败的象征

如果说赛金花和小凤仙分别代表着清末和民初的八大胡同的话，她们艳名高照的时候，也就是八大胡同两个鼎盛辉煌的时期。她们两位相继离开了八大胡同之后，也就是八大胡同渐渐走下坡路的时候。特别是 1928 年民国政府迁都南京之后，北京改名为北平，中国的政治文化中心南移，经济日益不景气，八大胡同跟着一起更加的不景气。不少头等二等的妓院也随之南迁或转移到别的城市，有统计数字说明，自 1929 年开始，北平的妓女总量呈逐年下降的趋势，这不是说北平的风气好转，而是说明作为北平红灯区之重镇，颓势难挽，已经是既定的事实。

1937 年“七七”事变后，宋哲元带着部队从北平撤退，北平遭到沦陷，日本鬼子统治下的北平，更是民不聊生，八大胡同便彻底走进了低谷。日本人也曾经插足于八大胡同，想利用八大胡同以前的基础发财，并为日本人提供性服务，他们和朝鲜浪人在那里相继开设过几家妓院和大烟

馆、白面馆（在百顺胡同西口的尚元膏花烟馆，二层小楼，建得相当的结实，到现在还保存着，被涂抹成一身青灰色，成为历史的物证，也是历史的标本）。但是，八大胡同的元气大伤，脉象孱弱，已经很难恢复当初的繁华景象了。

话是这么说，八大胡同虽苟延残喘，却也是驴死不倒架，依然顽固保持着原有的规模和架势。一个地区，和一片林子一样，是和日子一起渐渐由幼苗长大起来的，枯死了几棵树，或伐倒了几棵树，不可能那么轻易地就把以往积累下来的所有日子都连根拔去。北京人，即使穷得到了快揭不开锅的时候，只能吃窝窝头就咸菜了，也得把窝头底下的眼儿用手指头捅圆，也得把咸菜切细得跟头发丝似的，最后还得往上面撒上点儿芝麻和香油。即使到了国破家亡的时候，也有那么一批吃凉不管酸的主儿，照样秉承着上一代的浪荡遗风，逛窑子不误。

而那些北上的南方人，慕名到八大胡同一逛的，就更大有人在。不少文人闻名而来的也不少，民国时期号称新感觉派的小说家刘呐鸥，在他的日记里便曾记载他从上海到八大胡同时的情景，他见到的是一个如同木偶一样尚未破身的雏妓："十七岁的女子，怎一点 erotigue（色欲）的粉眼都没有，只是同孩子们玩，真 douloureux（可怜）。"

八大胡同，比八达岭长城还要出名，成为了北京城的一个不可不逛的景点。因此，那时候，在前门火车站或者各大旅店门口，常常会看到有这样的南方客人走了出来，冲着三轮车夫招招手，三轮车夫把车拉过来，请他们坐上过后问："这位先生，您是准备到哪儿去呀？"不少人会把手一挥说道："八大胡同！"

于是，大门上挂着乳白色汽灯，灯上写着红漆店名，门框上挂着黄铜牌子的清吟小班；窗户上挂着“茶室”字样的二等妓院和等而下的下处，照样时常有人从门下钻进钻出，照样彻夜灯火闪烁，照样笙歌不断，笑声不断，麻将声不断。什么树长什么虫，什么人找什么地儿，都是在理的。这些嫖客们凭着嗅觉，也能够轻而易举地找到八大胡同。志不同，道便也就不同。

民国时《京华春梦录》书中提到八大胡同是这样写道：“斯时南妓根蒂未固，僻处李铁拐斜街、胭脂胡同等曲径小巷，地势鲜宜。韩家潭、百顺胡同以东，似均为北妓根据地，鸿沟截然凛不可犯。然潜势既伏，来者益众。南之寓公，千里逢故，趋者麇集。而北人亦喜其苗条旖旎，与土妓之质朴浓丽，趣旨回殊。百顺胡同，陕西巷亦南占优势。仅王广福斜街短巷数扉，犹树北帜，若石头胡同本妓渊薮，比亦卧榻之旁，客人酣睡，喧宾夺主亦可异已。”

你看，在这里，他们还在细分八大胡同里南妓和北妓之地理分布呢。而那些妓女，不分南北，照样讲究趣旨，浓妆艳抹，一副商女不知亡国恨的劲头。因此，八大胡同真的是一面镜子，到什么时候，都能够找出世态人心来了。旧中国，有这样一个八大胡同，像是一支温度计，能够量出那个时代的体温来。

在民国时期的竹枝词里，更能够常常看到比这还要不要脸的面孔来——

茶楼酒肆近娼寮，都在繁华巷几条。

车马如云人似酒，果真夜夜是元宵。

八大胡同客尚醒，醉生梦死任人评。
谁家狎客常居此，公子王孙数不清。

龙旗落下五色飘，日本来了乐未消。
官衙公馆常不在，若寻需过前门桥。

那时前门楼子以南，也就是现在的五牌楼以北，有一条护城河，河上有一座玉带桥，第三首诗中说的“前门桥”，就是这座桥，过了桥，离八大胡同就不远了。第一首诗中说的“巷几条”，指的是紧靠大栅栏的廊房那几条胡同，和它们一步之遥就是八大胡同，所以它说“近娼寮”。看这几首诗，就可以看出那些人的心态，八大胡同是这些人暂时忘记时代回避现实的销魂之处，成为了麻痹心灵和消愁发泄之处。

难怪据说那时有一个叫李六庚的老先生，我猜想他的名字是演绎出来的，因“六庚”和“六更”音近。他每天一清早到八大胡同里，沿着那些条胡同，专门打六更锣，有意吵醒那里还在昏睡中的人们。他一边敲着锣一边大声地喊：“你们这帮青年还不醒醒吗？还在这儿寻欢作乐？国家都快要完蛋了呀……”据说，这个人后来因精神失常而孤愤地死去了。现在走在八大胡同里的时候，偶尔我会想起他，总觉得他就像八大胡同里的焦大，骂着这帮不争气的年轻人，也骂着八大胡同。八大胡同如同一出大戏，他似乎是必定要出现的一个角色，虽然和八大胡同里那些青楼艳色为主角的人不同，他不是主角，只是一闪而过，只有几句台词，但必定要出场，而且一定是要在这幕戏的最后一幕时出场。他的出场，是一种象征，八大胡同这出从清朝开始兴盛并绵延的大戏，快要落幕了。他不是拉幕人，但他的声嘶力竭的喊叫声，提醒着正在麻木得打盹甚至昏昏欲睡的人们。

说那个时期，八大胡同越是破落得如同坐上了冰车遏制不住一个劲儿下滑的趋势，却是一些北京人越发的纸醉金迷，灯红酒绿，萎靡地唱起后庭之花的时候。有时真的让人忍不住要想，缺少了赛金花和小凤仙的时代，不仅缺少了蔡锷和瓦德西，连嫖客们都如黄鼠狼下的崽儿，一代不如一代了，连同曾经风光一时的八大胡同，跟着一起丢了魂儿，散了黄的鸡蛋似的，快要拾不起个儿来了，李六庚敲得再响的锣声，也惊醒不了他们了。

那个时期，战乱的幽灵始终没有消散，一个个这派那系的军阀走马灯似的来了又走了，好不容易把日本鬼子赶走了，国民党的接收大员又来了，北京城是城头频换大王旗，再加上自然的灾害纷起，百姓的日子越来越不好过。一些人死抱着八大胡同，再怎么说，再怎么唱，都只是一支无可奈何花落去的挽歌了。

由于贫寒的市民和失业的人越来越多，无业的游民和难民大量流落进北京，为了活路而被迫卖身的妇女，和为了性欲而寻求便宜的下等妓院的男人，同时成比例的增多。八大胡同里那些墙上雕刻着砖雕匾额、门上挂着牌子和灯笼的上等妓院，便越发寥落，而下等妓院甚至暗门子（暗娼），很快就蔓延出了八大胡同，往南越过了珠市口大街，到了离天桥很近的大森里、莲花阁、四圣庙、花枝胡同、赵锥子胡同一带，晚年的赛金花住的居仁里，就属于那一带。

那时候在山涧口和铺陈市胡同口，一清早常常站着一溜儿人，都是等待着卖苦力干活的壮汉们。如果找到了活路，干完了一天的话，手里拿到

了一点儿滚着热汗的钱，他们一般就会到小饭馆里喝点儿酒吃碗面，酒足饭饱之后，不是到天桥听听侯宝林的相声、梁益明的京戏、小白玉霜的落子，再有的消遣就是逛逛窑子了。而那些下等的窑子，便都在这附近，走不了几步，抬脚就到了，专门为这些人设立的。

同时，这样下等的妓院也如一江春水向东流一样，继续往东蔓延到了金鱼池、蒲黄榆。那时有竹枝词说：金鱼池畔看婆娘，心急偏疑曲巷长。那些本地土娼，就是满足这些贫苦的壮汉们而藏在金鱼池四周一些破旧低矮的房子里，饥寒交迫之中，几乎给几个子儿就行，不给钱，给个窝头都行，便宜得难以想象。那些土娼穷得可怜，那些房子几乎就是碎砖烂瓦搭起的屋子甚至只是能够苟且栖身的窝棚而已，常常只是门前一个肮脏得像块褯子布的破门帘，权且遮羞。

这样的局面，一直往东，蔓延到了东柳树井，然后再往东，到更为偏远的磁器口和栏杆市附近的黄花苑，算是彻底完成了它东进的目的和规划。黄花苑，又叫做黄河沿、黄花院和黄鹤楼。要是叫黄鹤楼，真的是那时的黑色幽默，名字听着不错，其实却是破烂不堪的贫民窟。它是一条东西走向的窄胡同，清末民初才形成的，民国22年，即1933年，在《北平地名典》上，才有了胡同的名字。我想大概是和下等的妓寮出现在这里的时间差不多，也就是说，那些妓寮在这里遍地开花，让它渐渐地兴旺而为北京人所知。

它的位置在现在的两广大街的南侧，离红桥市场不大远，现已改名为新生巷，其时代的意义不言自明。那天，我专门去找它，找了老半天，和我小时候从它那里走过时的样子已面目全非，没有见过的人，绝对想象不出当年的模样了。当时它已经很偏很荒，到了城市的边缘了，再往南走，就是一片荒郊野外和乱坟岗子了。而现在，它的四周楼盘林立，气派恢弘，每平方米卖到几万块钱的高价了，而它的南面，楼房早都漫出四环以外了，别说让那时候曾经住在这里的人们叹为观止，就是如我这样年龄的人，虽没有见过它在三四十年代的样子，毕竟见过它在新中国成立初期的样子，面对它，都有恍然隔世的感觉。

《燕都丛考》引当时《顺天时报丛谈》中说："黄河沿，现已改为黄花院，推源溯本，盖仍有河槽通运之意。现则矮屋一片，已为三四等妓女之娼寮，亦外城东偏之特别烟花窟。但地处偏僻，人物杂错，殊不若西城八大埠之有致也。"它所说的八大埠，就是八大胡同，因在黄花苑之西，谓之西城。

住在这里的人家一般是一些小商小贩，卖个针头线脑、仨瓜俩枣的，挣几个糊口饭钱而已，大概就像今天那些推着平板车出来卖货和城管打游击的那些人。后来，住的人多了，又相继开出了南北三条小胡同。我想它地盘的扩大和繁荣，还是和妓院在这里登陆，而且很快形成了阵势有关。大概这里的房子相对比八大胡同和天桥一带便宜，便跟得了传染病似的，跑到这里来开妓院的增多，最后在这弹丸之地竟然出现了 14 家三等妓院和 13 家四等妓院。现在想象，那么多的妓院，大概就跟现在杂乱的小街上拥挤着一家紧挨一家的小发廊差不多。

由于有了这么多家妓院相继开张，这里的名气在北京突然大了起来不说，还把附近其他的生意也盘活了。最让人们眼前看得清楚的是，黄花苑东西两个胡同口的小饭馆、小酒馆和各种摊贩，多了起来，而且每处热气腾腾，香烟缭绕，生意都不错，每天晚上一直到半夜，电灯或煤气灯、火石灯都是亮着的，吆喝声都跟唱歌似的，喧哗声跟蛤蟆吵了坑似的。来这

里光顾窑子的人增多，不是附近的小贩，就是拉三轮车的车夫，要不就是澡堂子里的小力奔儿，或火车货运站上扛大个儿的，如同现在的打工一族。干妓女这一行的，也都是本地的土娼，彼此都是穷苦人，手里没几个钱，半夜里饿的时候，一般都会到胡同口这些地方吃点儿东西，让这里的生意不能不好。

传统的笑贫不笑娼的心理，让住在这里的人，除了那些老鸨和地痞恶霸，和这些妓女街里街坊的，都还相处得关系不错，不过都是为了混碗饭吃，便相互帮衬着，让这块原来荒凉的地方，涌动着低贱却旺盛的生命力，萋萋野草似的，竟然也摇曳在北京南城的天空之下，成为了一时的一种阵势。前几天，我听一个叫苏阳的年轻歌手，抱着一把吉他唱着一首民谣，其中有这样的几句歌词："我要带你们去我的家乡，那里有很多人活着和你们一样，花儿开在粪土之上，像草一样，像草一样。"因为我正要写这一段，让我忍不住想起来黄花苑，我觉得苏阳的这首歌就像是为黄花苑唱的一样，那里的那些低贱而顽强的生命，就是这样的，花儿开在粪土之上，像草一样，像草一样。

黄花苑的出现，从数量和质量上，虽然不能和八大胡同分庭抗礼，却成为了北京城那时候对八大胡同的一种补充，像是在一片大树丛的边上，长出的一片蘑菇地，供那些人各取所需。从另一点上，也可以看出，八大胡同的风光已经不再了，它不仅让黄花苑这样的三四等的妓院分了自己的一杯羹，而且，关键它已经无可奈何地如一个落水的人，让黄花苑这样的下九流抱着自己一起下坠得不可收拾。

根据《申报年鉴》公布的甘布尔的《北京娼妓调查》，民国时期，妓院和妓女最红火的时候，是在1913年到1918年——

| | 妓院家数 | 头等妓院人数 | 二等妓院人数 | 三等妓院人数 | 四等妓院人数 | 合计总人数 |
|---|---|---|---|---|---|---|
| 1913 年 | 366 | 721 | 838 | 1368 | 257 | 3184 |
| 1914 年 | 357 | 744 | 833 | 1467 | 256 | 3300 |
| 1915 年 | 388 | 760 | 908 | 1535 | 288 | 3491 |
| 1916 年 | 391 | 729 | 893 | 1580 | 298 | 3500 |
| 1917 年 | 460 | 781 | 986 | 1814 | 308 | 3889 |
| 1918 年 | 406 | | | | | 3880 |

这里的妓女仅是公娼，不包括私娼，这个时期的私娼的数量，一般是公娼数量的两倍左右，两项加起来，北京那时的妓女已经达到了一万一千人左右。根据当时的北京人口数据表明，那时候的公娼和居民比大约是 1 比 200 多；包括私娼在内的比是 1 比 80 左右；也就是说，在那时的北京城里，平均每 80 人里，如果刨去男人和儿童，每 20 名妇女里面，就会有一名妓女。这个比例，实在不算小了。

还是根据甘布尔的《北京娼妓调查》，从 1929 年起（1928 年国民政府迁都南京），北京的妓女数量逐年下滑，到了新中国成立前夕的 1949 年，妓院总数只剩下了 224 家，几乎少了一倍。而妓女总量也少到了 1316 人（这个数字中还包括一部分私娼），几乎少了三分之二。

可以看出，黄花苑的出现，并不是北京城红灯区的扩大和繁荣，实际上，它不过是一种垂死挣扎，一种回光返照，它亮起了北京红灯区的一盏红灯。八大胡同，因黄花苑的出现，而彻底地走进尾声。它的寿终正寝，

落下帷幕，是早晚的事情了。

## 二　过去的日子定格在那里无语话沧桑

民国末期的八大胡同，确实和清末民初时已经大不一样了。迫于生存，开始和黄花苑一般，也出现一些下等妓院，在朱家胡同的时升旅馆，在王广福斜街的广兴妓院，在小李纱帽胡同里的连升店、永生院，都是这样的三等四等妓院，而在庆云巷里的同春楼下处、小花园下处、荣春下处，在火神庙夹道（现在的青风巷）里的祥顺下处，都是一些四等妓寮，一个门紧挨着一个门。更不用说在王皮胡同和蔡家胡同里出现的一些更加等而下之的妓寮或暗门子了。

现在去那一带，虽然看见的景物十分破败了，但是，除去房屋如老人一样老迈龙钟，以及一些后来搭建的小房拥挤不堪外，其余的，和那时候相差不多，有的房门都还健在，只是门上的漆皮斑驳脱落，皱纹纵横，布满点点老年斑一样了，门在一开一关的时候，吱吱扭扭的笨重响声，沾满着尘土和油垢的味道，仿佛是过去日子含有一声声叹气的回声。虽然，六十多年的岁月过去了，却仿佛那段日子依然定格在那里，无语话沧桑，和着老房檐上长满在鱼鳞瓦间的那些狗尾巴草，一起瑟瑟地拂动在寂寥的风中。

那时候，妓女的成分和清末民初也大不一样了，为了生计，被迫自己投奔到八大胡同，和根本不知情被拐卖到八大胡同里的人，越来越多了起来。

素兰和英子，就是这样的两个人。她们都是山西大同人，上个世纪四十年代，分别来到了八大胡同，素兰23岁，英子才17岁。

如果不是丈夫得了重病，从医院的病床上回到家里，苦于没钱医治，眼睁睁的没有一点儿办法，素兰断然不会走上这条路。她先去找了几乎所有能够找到的亲戚朋友，但她实在不能怪大家心狠不帮她，都是穷苦人，吃了上顿吃不成下顿的主儿，谁也拿不出那么大一笔医药费呀。没有办法，她回到娘家，都说母亲是女儿的贴身小棉袄，她希望父母能够疼疼自己，给自己一点儿救命的钱，只要丈夫的病好了，就可以干活了，就可以赚来钱，一切都能够周转开来。

可是，走进家门，她把已经拱到嗓子眼儿的话，又咽了下去。她看见母亲和自己的丈夫一样也病倒在了床上，好多天了，母亲知道她丈夫已经病了，怕她着急，给她雪上加霜，一直瞒着她，没有敢告诉她。做母亲的还不懂得女儿的心思吗？女儿是从自己肚子里出来的，连着自己的肉啊，母亲知道她干什么来的，张着干瘪的嘴，却不知该对女儿说什么才好。女儿先开了口，堵住了母亲的嘴，说是知道母亲病了，特意来看看的，还一个劲儿地怪罪母亲，怎么一直不告诉自己。

母亲望着她，半信半疑，思忖着自己病的消息一直对她封锁着，是谁把消息走漏的呢？她已经很难了，自己帮不了她，为什么还要给她添乱加堵呢？母亲支撑着身子坐起来，想对她说自己好多了，安慰她不碍事的，让她赶紧忙自己的事情去吧。她明白母亲的心思，再一次先开口堵住了母亲的嘴。她告诉母亲，她很快就能够找到活儿了，就能够挣着钱了，而且活儿还不错，能够挣的钱也不少呢，可以帮助丈夫治病，也能够帮助母亲治病了。她还特意强调这次来家，就是为了告诉母亲这个好消息的，好让母亲放心。

母亲再一次望着她目瞪口呆，不知该说什么才好。临走的时候她还一再对母亲说，拿到工钱后，她一准马上给母亲送过来！

可是，走在回家的路上，她禁不住落下了眼泪。到哪儿去找活儿干呀？到哪儿去给母亲找钱去呀？但情急之下，已经对母亲把话说出来了，她被自己逼上了悬崖，无路可退。这时候，她才想到了去卖身这个最不得已的事由来。在那一瞬间，她忽然想起了以前曾经在小报上看过的对北京八大胡同的介绍，她想去那里，大同的人谁也看不见，自己也图个眼不见心不烦。虽然，那不是什么光彩的事情，可作为一个女人，除了自己的身体能够卖点儿钱，她还能够有什么出路呢？

回到家里，她发愁该怎么对丈夫说这件事。一路上，她都在发愁，好端端的，去北京的八大胡同当一个妓女，但凡有点儿血性的男人，都不会让自己的女人这么干的呀。可是，她没有想到，当她吞吞吐吐地把这事说出了口，丈夫竟然点头同意了。这让她目瞪口呆，望着自己的丈夫，好像根本不认识这个人似的。令她更没有想到的是，丈夫忽然蒙头大哭起来，那哭声打雷似的，让她一时不知所措，非常害怕。丈夫对她说，找条活路吧，我知道我是快不行的人了，就别再牵累你了。临死再搭个垫背的！她抱着丈夫说，别这样说，我把钱挣来了，你的病就有钱去治了，我还会回来的。夫妻两人哭成一团，哭成了泪人，就跟生死离别的一样。

素兰不是被人所逼，却是被生活所逼，走进了八大胡同。现在的年轻人，一般很难理解那个时代如素兰一样的女人了。是非经过不知难，如果仅仅从现在的道德意义上来评判素兰，显然有些站着说话不腰疼了，人到了走投无路的时候，真的无比的绝望，什么事情都有可能做得出来。还有什么比活着更重要的呢？比起人的生命来，作为人的尊严最外化的脸面，已经显得是那么的不值钱了。作为女人从事的一种最古老的职业，我们可以指责这种职业的万恶不赦，却不应该从简单的道德意义上，居高临下指责这样的一个女人。

素兰进的是八大胡同里的双凤院，老板先给了她350法币，我现在算不出来，这350法币折合人民币，到底值多少钱，在当时又能够解决什么问题。我只是觉得，这区区350法币，就把一个女人一生的命运转折了，素兰付出的代价实在是太昂贵了。

拿着这350法币，定了三年的合同，素兰当了一名“使钱压账的”。这种妓女，指的就是如素兰一样先使用妓院老板一部分钱，还清债务后再还自己的人身自由。很多这样的妓女，合同满了，债务还清了，但已经没有归家的路可走了。有的是没脸回家见人了，有的是吃喝玩乐游手好闲习惯了，不愿意再回去受苦受累了，便当上了“自混的”。这种妓女，自己在外面有房子住，甚至有家有孩子，来妓院来卖身赚钱，和老板分成，来去自由，好像到妓院定时定点来上班似的。不知道素兰以后的命运是什么，三年合同期满，丈夫和母亲是否都已经病情痊愈，她是回家与丈夫和母亲团聚，还是丈夫和母亲都早已病逝双亡，无家可归的她，只好当了一名“自混的”，谁也无法预料了。但可以想象的是，无论哪一种日子都不好过。走进八大胡同，即使能够有幸跳出火坑，脸上也像被火烙铁烙上了红字一般，跟随一生而无法抹去呀。

英子的父亲是个木匠，有一门手艺，艺不压身，一家子的日子应该是不错的。英子有一个姐姐，几年前嫁到了北京城，也是全家人的骄傲。那时候，谁家里在北京有个亲戚，就跟和皇宫里拉近了似的，透着和别人不一样来。谁想到，父亲突然病故，顷刻之间，全家的顶梁柱塌了，母亲无

力养活自己和英子，只好投奔姐姐家。好几年没有见姐姐了，母亲带着英子坐上火车，心里充满阔别重逢的渴望以及对未来生活的一点儿希望。她们娘俩从来没有到过北京，姐姐刚来北京的时候，曾经提出让她们娘俩来北京看看，那时，父亲的活儿忙，英子上学，都需要母亲一人拳打脚踢地去照料，一时抽不出时间。后来，姐姐忙，也就不提这事了。现在，她们娘俩突然就闯来了，不知姐姐会是怎样意外地感到高兴呢。

英子和母亲按照以前姐姐写信的信封上留下的地址，找到姐姐的住所的时候，姐姐已经不住在那里了。幸亏了好心的邻居，告诉了她们娘俩姐姐的新址。但是，当她们娘俩在前门大街附近的一条胡同里找到这新地方的时候，才知道姐夫已经去世好长一段时间了。姐姐不想回家，因为在家乡的人们看来，她能够嫁到北京来，是多少人羡慕的事情。她不愿意打破家乡人们在自己头上一直笼罩着的那一抹光环，她也不愿意回家让自己的家人失望，多了一个累赘。为了可怜的一点儿虚荣和自尊，偌大的北京城，没有给她一个外乡人多少选择，她走的是和素兰一样的道路，自己把自己卖到了八大胡同的妓院里，当了一名“自混的”妓女。

阔别重逢，没有显出多少欢乐，倒是多了姐姐的乡愁和母亲心头对往事的钩起，一时娘仨泪水涟涟，一宿都没有睡着。

日复一日，日子平平淡淡，却也有滋有味地过着。开始，英子和母亲只知道姐夫去世了，却都不知道姐姐的秘密，特别是姐夫去世以后姐姐靠什么活着。但是，纸里是包不住火的，姐姐总是一袭款款旗袍，夜夜浓妆艳抹地出门，而且常常是夜不归宿，甚至在来例假“倒霉”的日子里，也常常如此，而且有时会弄得旗袍脏兮兮地回来，英子没有发现什么，母亲眼尖，一眼就看了出来，引起了母亲的侧目。当母亲终于知道了姐姐是一个妓女时候，一下子气得昏死了过去，然后是卧病不起，没有多久，就死掉了。死的时候，望着她们姐俩，没有合上眼睛。

对于发生这样快又这样意外的一切，英子实在没有想到。更没有想到的，还在后面。

有一天，姐姐请来一位琴师来到家中，对英子说是请琴师来教她学戏，将来好有个事由，混碗饭吃。琴师看看她，说她长得不错，又让随便哼哼地唱两句，说她的嗓子也还不错，是块唱戏的料，便当场收下她当了徒弟。英子想，这样也好，如今父母双亡，自己总不能赖在姐姐这里一辈子。如果真的能唱戏，就是混不出四大名旦的名角，起码可以混一碗饭吃，自己养活自己了。

她没有想到的是，当自己跟着琴师学了一段时间的戏，刚刚可以唱上几句的时候，被很快地卖给了一家叫做星辉阁的妓院。这是一家一等妓院，在韩家潭胡同里。琴师是看中了她的年轻和几分姿色，又可以唱上两口，把她卖到了这里，赚个大钱。她做梦也没有想到自己的亲姐姐，居然可以对自己下得了如此的毒手。

在八大胡同，星辉阁是很有名的，这里有一等妓院里常有的凤冠霞帔一般的床笫，明亮的大穿衣镜以及装有骨质麻将牌的锦缎盒子、大烟枪、烟灯、烟盘，除此之外，它里面还暗设有密室。在房间的墙上，挂着一幅巨大的在别的妓院里少见的气派堂皇的名人字画，字画的后面，就藏着一扇通往密室的暗门。因为常常有一些达官贵人来此风流，他们一般不从热闹的大栅栏那边来，那样太扎眼，他们一般会走走珠市口西大街，穿过胭脂胡同，到百顺胡同，一拐弯，就神不知鬼不觉地来到了韩家潭。如果有意外的情况发生，怕暴露自己的身份，遮挡别人的眼目，他们可以立刻从

暗室里消失。

英子就是在这里开始了她当妓女的生涯，那时候，她才仅仅17岁。她的服务对象，就是这些达官贵人。她要为他们唱戏唱小曲，还要为他们的风流出卖身体。狠心的姐姐，犹如童话《白雪公主》的后母一样，这样对待她之后，还要让自己感谢她，说是给自己找了一个多么好的人家。

应该还要说说一位叫做玉霞的女人，16岁的时候，400块大洋，卖给了八大胡同的恶霸段桂舫。和英子一样，开始也说是学戏，其实就是当妓女，比英子的命运还要悲惨，强迫她接客，昼夜不断，一天竟然要接客二三十次。弄得她饭都顾不上吃，有时裤子都提不上。来了月经，也得被迫接客，有人告诉我，据说这样叫做“梅花红”，可以和“女儿红”的黄酒的味道相媲美。最后，玉霞得了一种倒月经病，下边不来，月经居然从鼻中喷出，真是让人惨不忍睹。17岁的那年，玉霞实在痛不欲生，吞大烟泡自杀，幸亏被人发现，立刻灌碱水，被送到市里医院抢救，才活下来一条性命。

我曾经在查看八大胡同民国时期档案的时候，发现那时北方班的妓女，主要来自北平、天津和河北地区，来自山西的并不多，主要是大同人（大同人来京为妓，似乎有历史，明朝著名的红妓苏三即玉堂春，就是大同人）。因此，看见为数不多的来自山西大同的几个妓女，很显然地凸显在眼前。只是在那些名字中间我没有找到叫英子和素兰的，我想，也许她们来到北京就改掉了真实的姓名，这在当时是很常见的，名字并不说明问题。每每看到来自山西大同的字样，就让我恍然觉得似乎有她们的身影，跳跃在那些陌生的名字中间，和那些同样来自大同的姐妹的名字叠印甚至重合在了一起。

我到过八大胡同多次，每次去的时候，除了陕西巷人多而显得有些喧嚣外，其他的地方都非常的安静，特别是韩家潭，常常是从这头走到那尾，都见不到一个人影。有一天的中午，我专门去找星辉阁的遗址，看见了一个睡眼惺忪的年轻女人，穿着睡衣睡裤从一个院子里出来，急匆匆地去上公共厕所，恍惚间，以为是从星辉阁出来的英子。心里暗想，那时候，英子应该也是这样大小的年龄吧？我不知道她以后的命运如何，她熬到了新中国成立没有（有说她熬到北京城的解放，得到了共产党的搭救，获得了新生）如果真的这样，她和姐姐都熬到新中国成立以后，她们重新相见，会是一种什么情景？

我也想起了比英子和素兰的命运更悲惨的玉霞，走在这样安静的胡同里，如果不想起她们，会觉得这样安详的胡同，太有老北京的味道了，阳光缕缕地洒下来，温暖得如同轻柔的抚摸。可是，只要走到八大胡同，英子、素兰或玉霞的影子，总会不请自到，时不时地晃动在眼前，便总会觉得胡同有些压抑，即使是温暖的阳光，也觉得有几分凄迷。

无论玉霞也好，还是英子和素兰也罢，被迫卖到八大胡同的妓女越来越多，她们浸透在八大胡同里的泪水和血汗，让八大胡同变得和她们一样越来越黯淡，越来越惨不忍睹，越来越走到了穷途末路上了。

## 三　姜老太太的“鱼口”的故事

写完上面一节的时候，我的心里一下子很沉重。因为我忍不住想起了另一位我曾经认识过的一位妓女，她和上述的那几位妓女有着很多的相似之处，不大一样的是，我不知道上述的那几位妓女是否活了下去，又活到

了什么时候，而这位我认识的妓女却一直从民国活到了上个世纪 90 年代。应该说，她算是长寿的。

我是从北大荒插队回到北京后认识她的，那是上世纪 70 年代的中期，她住在前门外的一条胡同里，那里离我小时候住过的大院很近，离八大胡同也不远。她曾经对我说过，自打北京城解放以后，她就一直住在这里，有好多街坊先后都搬了家，她还住在这里。她有一个什么亲戚，说是她的一个姨夫，住在杨梅竹斜街，住的时间可长了，新中国成立以前就住在那里。那里离八大胡同就更近了。

老太太人老是老了，但很瘦溜儿，一点不臃肿，个头不高，脸白白净净的，总像是扑上了一层粉似的。她很爱干净，什么时候去见到她，她总是穿戴得整整齐齐的，头发花白了，却也总是梳理得一丝不乱。她的手里，总爱攥着一条白手绢，总是洗得干干净净的。她还爱聊天，爱抽纸烟，如果你递给她一支烟卷，她就很容易在烟雾吞吐之中，情不自禁地和你聊了起来，话茬子像流水似的，止都止不住，举手投足，都有那么一点儿前世的风情遗韵。

她和我聊起来的时候，就是这样吐着烟圈，先告诉我以前她特别爱吸水烟袋。然后，她问我：知道什么叫水烟袋吗？我说我知道，小时候我们大院里有一家南方人，他家的老爷子爱吸那玩意儿，一种铜做的像壶一样的家伙，有一个长长弯弯的细嘴，壶里装着水，吸起来的时候，里面咕噜噜直响，就像闹肚子似的。她笑了，然后又对我说：我还抽过大烟吸过白面呢，这玩意儿你横是没见过吧？说完，她得意而顽皮地又笑了，有点儿像小孩子。

她姓姜，一个很爽快的老太太。我和她才熟悉没有多久，她就告诉我她以前当过妓女，当然，她说的不是这么直白，但意思一听我就明白了。而且，她告诉我她就在八大胡同里面。

我当时是问她新中国成立以前做什么工作的，我知道她的丈夫是个建筑工人，一直不知道她是干什么的，她粗通文墨，还会写毛笔小楷，有时街道上写个什么告示或通知，她的那个院子的街道积极分子（我们称之为“小脚侦缉队”），一般都会找她来写。她也不客气，拿起笔来就写，一挥而就，字写得蛮是那么一回事。还有好几次，我看见她丈夫从外面回来，买来了稻香村的细皮点心，或是新侨饭店里买来的那种牛角面包，都非常的讲究，而且都是她让她丈夫专门为她买来当早点或夜宵吃的。当时，这些事情，都让我很好奇，觉得她不像是个家庭妇女，才问起这个问题：新中国成立以前您是做什么工作的？她反问我：你看看我像是干什么的？没等我猜，她自己先告诉了我答案，我很吃惊，没有想到她这样的快言快语。

当时我紧接着问她的第二个问题是：那您“文化大革命”怎么过来的，没有挨斗吗？她笑着说：我就知道你准得问我这个，好多人都问过我这个问题。我告诉你，我挨了一点儿的斗，没怎么受大罪，这得归功我们家的当家的，他是根正苗红的工人阶级。工人阶级，你懂吧，那时候，就属工人阶级好使，最厉害！

那时候，“四人帮”刚刚被粉碎，人心大快。她才能够这样敢于直抒胸臆吧？

那时候，她大概六十多岁的样子。我曾经问过她有多大年纪了，她摇摇头说自己也记不清了，我说户口本上不是写着您的出生年月吗？她还是摇头，对我说：那也不准，和老姜结婚那时候登记户口本，派出所的警察

问我哪一年出生的，我随口说了句是属兔的，他就那么算算填上了。那时候，我也替她算了算，她大概是1910年前出生的。她告诉我见过清朝的大龙旗嘛，但这也是说不准的事情。

别看她对自己的出生年月记不大清楚，但当年许多往事，她可是记忆犹新。她对我说得最多的是赛金花，好像她和赛金花认识一样，很熟络。但我算算，她比赛金花的年龄要小得多。她的年龄应该和小凤仙差不多，但她很少说起过小凤仙，总是提起赛金花。就是她告诉我：当年有风水先生告诉赛金花，陕西巷有一处房子，形状像是乌龟，最适合开设妓院，撺掇赛金花买下，买下了，将来准赚钱。然后，她问我：你知道那房子在哪儿吗？还是没容我猜，她就急不可待地告诉我就是陕西巷旅馆，原来叫做赛琼林，是家大菜馆。当时，赛金花听了人家风水先生的话，买下来开了班子，果然大赚其钱，一天就能够净赚一个大元宝呢。这件事，她对我说过好几次，每次说完，她都看着我笑着说：那时候，我要是有钱就好了，我买下这个乌龟房子多好！

后来，我知道，她也在那里干过。不过，她到那里的时候，赛金花早已经住进了居仁里去了。

她的身世很复杂，她告诉我她是广东人，很小的时候就被卖到了上海，从上海又被卖到天津。但她讲话是一口地道的北京口音，听不出一点儿南方口音来。她曾经对我说，从上海坐船到天津时，是被塞进货舱里的，差点儿没把她憋死。那印象让她怎么也忘不了。到了天津，她住在江岔胡同，那里靠着海河，好多妓院集中在那里，她问我：你知道不知道，赛金花当时也在那里开过张？我说我不知道，但江岔胡同我到天津的时候好像去过那个地方。然后，她说她在江岔胡同的时候，那里和小白楼和滨江道一样热闹，比北京好的是，那里吃鱼方便，中秋节前后，吃螃蟹也便宜，而且个个是顶盖儿肥！

我问过她这样一个问题：您为什么被人家一卖再卖？

这个问题，我问过好几遍，她都没有回答过，她只是瞪了瞪我，好像这样的问题还需要再问吗？但我实在不知道她是因为什么样的原因被一卖再卖的，我很好奇，只能够自己一再去猜想。那时候，正是徐迟写陈景润的报告文学《哥德巴赫猜想》发表而轰动的时候，那是我的“哥德巴赫猜想”。我为她构想着许多我能够想得出来的原因，比如，她的家境贫寒，她的父亲抽大烟破落，她的父母双亡，或者她是被拍花子的人拍走而最后被拐卖，或者是她被人家当童养媳当了丫头当了填房，或者是她头一次被卖之后的不驯服，甚至有过逃跑的行动……等等，但是，我始终没有弄清楚。

我特别喜欢文学，业余时间写小说，刚刚在《人民文学》上发表了我第一篇小说。有一次和她聊天的时候，喜滋滋地说起这事。她说了句早知道你喜欢鼓捣这玩意儿，然后她随口问了我一个关于小说的问题。当时我很吃惊，心里暗想这个老太太居然也懂得文学？她到底是一个什么样的出身和背景呀？

她问我：你看过老早年间有本叫做《一缕麻》的小说吗？

我说我没读过。

她说她也没读过，但她在上海的时候，她看过根据这个小说改编的文明戏。

我替她算算，她在上海的时候也就是十几岁的样子，看戏应该是民国之初的事情了。我让她给我讲讲这个《一缕麻》讲述的什么故事？

她摇摇头，说自己也记不大清楚了。大概是讲一个有点儿文化的年轻女子，被父亲包办，不得已嫁给了一个弱智儿，那女子心里十分不满，迫于压力，又不敢反抗父亲。但是，新婚之夜，她坚决不让丈夫近身。后来，她得了重病，是一种传染病，丈夫天天煎汤熬药没日没夜地侍候着她，她的病好了，丈夫却一病不起，最后死掉了。

讲完这个故事，她看了看我，我看了看她，似乎彼此都在观察对方的表情，我发现她的脸上没有什么特殊的表情，但我敢肯定这个故事和她的身世有着某种联系。虽然，我不能够完全猜透，但一些蛛丝马迹还是从这个故事中泄露出来，就像暗屋里掀开了一角窗帘的缝儿，光线和尘埃一起闪了进来，飞虫一样四下蠕动了起来。也许，她跟故事里那个女子一样，才跳出一个火坑，又掉进了另一个火坑？

我很想顺藤摸瓜，那时我非常好奇，在这个姜老太太的身上，藏着太多的秘密，和那个过去的时代一起纠缠着，不安分的小鸟一样，时不时地在今天和过去的生活中跳进跳出。尤其，后来她的年龄越发的老了，我明显地预感到她就要不久于人世了，如果再不问明白，她有可能就把这些秘密都带进到另一个世界里了。但是，她对我几乎讲述了她人生的全部故事，却始终没有对我讲述过她的青春时代最关键的这一节故事。

那天，面对我的提问，她很快就转移了话题，她问我你知道这个《一缕麻》是谁写的吗？我还没有回答，她先告诉我了：是个叫包天笑的人，你一定知道他吧？你喜欢文学，肯定知道他的。我说这个我知道，包天笑是清末民初的一个挺有名的言情小说家，好像是鸳鸯蝴蝶派吧？

她又问我：那你知道他在北京住在哪儿吗？我说这个我还真不知道。她马上很开心，好像小孩子玩捉迷藏，一下子就抓到我一样开心，她对我说：我告诉你吧，那时候他就住在铁门胡同，铁门胡同，你肯定知道在哪儿的，就在菜市口的东边一点儿，路北就是。有一次，我还去过他家呢。

记得那天我对她开玩笑地说：哪天我也写本小说，就写您，题目叫做《两缕麻》。

她一摆手笑着说：拉倒吧！还《两缕麻》呢，一团乱麻！

她家的姜先生是一个很和气的老头，是个扎嘴的闷葫芦，不大爱说话，家里的话似乎都让她说了。她和姜老爷子有一个儿子，长得不像她，像老爷子，是新中国成立不久出生的，比我小两岁，在云南插队，和当地的农民的女儿结婚生子后，留在当地，一直没有回来。他们老两口谁也不怎么提儿子的事情，但我知道，其实他们都想儿子，想让儿子调回北京来，一家子好团聚。大概在上世纪80年代末，姜老爷子病逝的时候，他们的儿子带着老婆孩子，曾经从云南回来过一次，但料理完丧事，没过几天，就又都回云南了。我看得出，他们那个儿子，和他们老两口的感情不大深，或者有着什么意见或隔阂。想想，也可以理解，一个妓女的儿子，如果是我，心里也会长满蒺藜一样，时刻扎得自己难受，别说是在那些以往特别讲究出身的政治时代里，就是现在也不是挂在自己身上的光彩的纪念章呀。

姜老爷子一去世，儿子一走，我发现姜老太太的精神气儿大不如以前了，明显的风烛残年的感觉，显现在她的脸上。当时，我隐隐地担心，她大概也活不长了。有时，我会去看望她，和她聊天，只有聊天，她还能够恢复一些元气似的，又回到了从前。但是，那时我搬了家，离她那儿很远了，去一趟不容易，去的次数明显的少了。

有一天，我去她那里的时候，她对我说，让我去杨梅竹斜街一趟，帮

她捎个信，找个人。那时候，家里都还没有电话，这样让我去传信是最快也最保险的一种方式了，而且，说明老太太信任我，我很高兴，拿着信立刻拔脚就走。我知道她家有一个姨夫住在杨梅竹斜街，以为是让帮她找她姨夫。到了那儿一找，不是她的什么姨夫，看见的是一个女人，比我大好几岁的样子。她看看我带去的信，谢了谢我，说了句听我妈说起过你，还说我在报上也看过你写的东西。然后，她不动声色地告诉我说回去让我对老太太讲，她今晚就过去。

我回去把话告诉了老太太，这才知道，这女人是她的女儿，但不是跟她的建筑工人生的。是和谁生的，她又不说了。我后来仔细回想，看不出那女人哪一点像她，和她的那个儿子一样，都不像她，她的遗传基因，似乎很少传到她的下代。从那个女人年龄来看，肯定是她在八大胡同的时候生的，也就是说，生女儿的时候，她还在风尘之中，并未赎身，她的解救，是新中国成立初期的事情了，共产党封闭了八大胡同的妓院，她从了良，才嫁给了建筑工人的。那么，她身处八大胡同的时候，怎么有的女儿，又怎么把女儿生下来的呢？女儿的父亲又是一个什么样的人？又到哪里去了呢？隐身人一样，就隐身在女儿的身上了吗？新中国成立以后，她和女儿又是一种什么样的关系？这一切都成为了秘密，藏在老太太的心里了。

人都有自己的一点儿秘密，是到死也不会说出来的了，就让它埋在老太太的心里吧。

我不知道老太太找女儿为了什么事情，一定是有重要的事情的，要不她不会找平常日子里一直都不怎么惊动的女儿的。我也不知道她的女儿那天晚上过去找到老太太，老太太都和她说了些什么。我只是隐隐有种不祥的预感，怕是老太太活不了太久了，是不是临终托付给女儿点儿什么。

但是，我的预感是错的，老太太又活了好几年，一直顽强地活到了上世纪90年代，算是长寿了。在这几年的时间里，我去看望过几次老太太，去的次数很少了，到现在我很后悔，也常常责备自己，为什么没有抽出时间来多看看她。我发现，老太太的晚年很凄凉，她倒是不愁吃不愁穿，一个儿子一个女儿，都分别给她一点儿钱，虽然不大福大贵，足够她的花销了。最后的时刻，女儿还帮助她请了一个保姆，应该说到死她都没有受什么大罪。只是，她非常的孤独，我发现她最大的快乐和安慰，就是身边有个和她说话的人，听她叨唠着那些陈年往事，那是她最喜欢唱的独角戏，常常是她一个人自吟自唱，不容我插嘴。她这一辈子最大乐呵的事情，除了抽烟，就是聊天了。

在老太太最后的日子里，她对我说的话常常颠三倒四，含混不清。我知道，这是人老的标志，我没见过年轻时她在上海在天津在北京八大胡同里什么样子，我只能想象，从我最初认识60多岁的模样看，年轻的时候，她一定是个美人胚子，我觉得比照片上看到过的赛金花和小凤仙都要好看些。她的一生最好的年华是在妓院那样一个晦暗的地方度过的，她的一生那么快就要走到了尽头。我替她有些伤感。

我曾经把自己这样的想法说给她听，她使劲地望望我，像是在安慰自己，也像是安慰我，说了句：人无千日好，花无百日红，都是这样子的。

在她人生的最后时刻，我已经和她很熟了，她也很信任我，愿意和我聊天，讲她那些陈芝麻烂谷子，讲她埋藏在心底的一些隐秘的事情，我猜想，这样的事情，恐怕她不会对自己的儿子和女儿讲的。有时候，有些心底深处的一些话，是无法亲口面对自己的孩子讲出来的，但可以对外人

讲，没有那么多的负担，那可以是一种心灵上的解脱。

记得最深刻的是，她对我说起这样的两件事情，我还真的是头一次听，听得我有些毛骨悚然。这是两件都和“鱼口”有关的事情。

一件事情是，她在天津的时候，一个她接过的客人，长得倒挺面善的，干起来的事情，却比谁都狠。他非要让她帮他往北京走私烟土，而且要她把烟土塞进“鱼口”里。她问我：你知道什么叫“鱼口”吗？我说不知道，她指指自己的下身，那时，她已经躺在床上起不来了。我明白了，她指的是阴道，愣是把烟土塞进阴道里，能够容易躲过检查，比较保险。这个客人真的是够狠的了。她没有办法，因为这是客人和老鸨合伙干的生意。他们一起让一个十几岁的小姑娘，干这样的事情，伤天害理不说，还让她感到屈辱。她告诉我，就是在那一次次从天津坐火车到北京来走私烟土的时候，她下定了决心，再也不能干这种威胁生命的勾当了，她才从天津来到了八大胡同，都是妓院，到哪里又不是一样干，一样的活命呢？她想的就是这样的简单。

另一件事情是，到了北京八大胡同落脚后不久，常常来的一个客人，大概和她聊得来，渐渐的情投意合，便越发的黏糊，一待就待上好长的时间，好像有说不完的话，长长的流水不断线地说。有时候来了别的客人，她不愿意接，专门等这个人。我猜想，老太太聊天的习惯和爱好，就是从这时这里而来的。在妓院里，称这样的做法，叫做“热客”，是不允许的。因为这样做，会耽误时间，便也耽误了生意。老鸨找到她，警告了她，她不仅没听，相反和那人商量好了要逃跑。跑得了吗？她被抓了回来，绝食，坚决不接客。老鸨急了，竟然用剪子剪开了她的“鱼口”，肿胀得发烧一般，疼痛难熬。

这两件事情，一直像刀子一样刻在我的心上。八大胡同，从清末民初走到了新中国成立的前夕，不走到头才怪呢？它是脚上的泡，自己踩出来的，它自己把自己送上了断头台。

老太太死的消息，是她的女儿打电话告诉我，我立刻去了她家，看见老太太倒在她那间自她从良以后就住的平房里闭上了眼睛。她死的很安详，没有太大的痛苦，唯一遗憾的是，闭眼之前，两个孩子都没在身旁。她的儿子没有回来，说是路途太远，自己的小孩正中考。她也不该有过高的奢望，或要去责备孩子，她的一生是屈辱的，她的两个孩子就活得不屈辱吗？更何况，多少妓女因过度的接客导致终生不育，她毕竟还有两个孩子，有了一份留给这个世界上她自己的一点微弱的影子和一点单薄的回声。

我常常会想起这个老太太。也想起晚年时候她常常对我提起的赛金花。还有她从未提起过的小凤仙。我会忍不住地拿她和她们两人作比较，尽管这样的比较是不对等的，没有可比性的。可还是忍不住的比较。

有时候，我觉得她比赛金花和小凤仙多少要幸福一些，毕竟她活到了新中国成立以后，过上一段正常人的日子。

有时候，我又觉得她还赶不上赛金花和小凤仙，不管怎么说，人家曾经有过一段感时忧国的传奇，和历史共存，和时间同在。而且，赛金花和小凤仙，虽然都是妓女，起码没有受到过如那样两次“鱼口”事件的屈辱，却还都有一份情感在的关爱和疼爱。她的在哪儿呢？那个建筑工人？还是那个和她生下一个女儿的隐身人？

有时候，我会想到，真的是寿长则辱，老太太的晚年的心境，或者更多的如老太太一样普通而艰辛生存到了新中国成立以后的妓女，谁能够真

正的理解她们呢？她的那两个孩子能吗？我能吗？我们的后代能吗？

有时候，我会想到，虽然姜老太太和赛金花和小凤仙，分处于不同的时代，从清末到民国到新中国成立以后，她们一路迤逦走过来，有着不同的经历，却都还有着相似的地方，像是胎记一样，醒目地印在那里，那就是她们和时代的关系。如今看来，作为个体的存在，她们只是一个个的个案，如同一枚枚标本；但作为过去年月里曾经活的生命，和她们所处的那个时代的关系是那样的分明，那样的胶粘。因此，她们身后共同的生存背景——八大胡同，便和她们的命运休戚与共，也和她们所处的时代密不可分。当八大胡同从赛金花时代走到了小凤仙时代，一直走到了姜老太太的时代，它的这一本再页码厚厚的、再情节跌宕的、再纷乱杂陈的书，也实在是到了该合上的时候了。

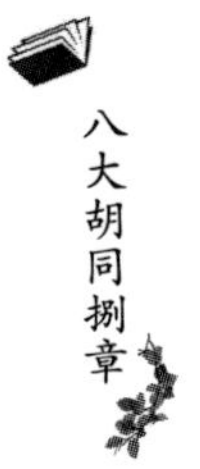



# 第六章　新中国成立前后八大胡同里交错的光影

## 一　1948年八大胡同的光摇影动

我知道，1949年11月21日，对于八大胡同不是一个平常的日子。那天的夜里，几乎是神不知鬼不觉，北京全线秘密行动，一举封闭了八大胡同所有的妓院，和千年来蔓延在中国的娼妓制度一起，八大胡同彻底走进了自己的末日。

现在，走在八大胡同的时候，我有时会想起57年前的那个冬天。北京城刚刚解放，一切在百废待兴，一切也在新旧杂陈，许多的地方都发生了历史性的翻天覆地的变化，似乎只有八大胡同和以前一样，妓院还在照常开张，妓女还在照常接客，虽然嫖客少了很多，已经没有了清末和民初时候的那种笙清簧暖、翠闹红酣一般的辉煌，但是，那些妓院的老牌子还在张挂，那些墙上的砖雕匾额、门前的红灯和花牌，还在醒目地招摇，而那些莺声燕语也还在院子里面飘荡。

可是，八大胡同已经走到了自己的尽头。所有的这一切不过是它的回

光返照。

我非常渴望知道，在这样历史变迁的转折关头，八大胡同是什么样子的。我知道，1949 年 11 月 21 日，只不过是历史为它选择了结束它自己的一个日子。这个日子只具有象征意义，因为即使不是这一天，而选择一个其他任何的日子，它一样也必定走到了终点。事实上，在一天之前，甚至更早些，在解放军进城之前，八大胡同已经昏暗而委靡，败落而凄凉，自己为自己挖好了埋葬的坟墓。

我渴望了解那时候的情景。那时候的情景，是它的辉煌前世的一个对照，是共产党封闭它的一个前奏。

那一天，我走进了位于蒲黄榆南侧的北京档案馆。那里，也就是在档案馆的北边一点，过了现在的二环路不远，在黄花苑的红灯区热闹兴起的时候，也曾经有一些低等的暗娼妓寮，萤火一样，在那时城市的边缘扑闪流动。如今，绿色琉璃瓦屋顶的大楼矗立在那里，一幢大楼里，藏满了过去的历史。

我在那里找到了八大胡同的一些材料。是 1948 年的户口原始档案。1948 年，北平政府让所有辖区的派出所重新挨门挨户地核实调查了当时的人员情况。如今电脑可以帮助人们遮掩字迹的丑陋，看着当年那些用毛笔写下的蝇头小楷，你会感觉到那时候的警察的认真和自身的文化水平。而且，还可以看出那时候人们的坦白，也可以说是老实，他们有一说一，自己是妓女，或者自己的孩子是妓女，都那样白纸黑字地写在上面，为我们今天留下了一份真实的档案材料。

有意思的是，在户籍登记的档案上，妓院都被填写为叫“乐户”，这大概是从唐宋艺妓的传统那里而来的叫法，从某种程度上体现了对这部分特殊人群的尊重，以娱乐的色彩掩饰着道德的成分。沦落为妓，并不正常，却是那个时代正当的一种职业，不得已，为了活命的一个饭碗。因此，她们和其他人同在一条街巷里，在一个大院里居住着，并没有受到什么歧视，谁都知道谁是妓女，却彼此相安无事，井水不犯河水，你走你的阳光道，我走我的独木桥。这在今天看来，绝对不可能存在，却是那时生存的现实。都是穷苦人家，便也都有一颗红亮的心，也都有一本难念的经。

翻看着那些脆薄发黄的纸页，似乎稍稍一动，它们就会破碎，脆弱的历史，经不起磕碰。那些陌生的名字以及她们背后的年龄籍贯家庭文化水平，一一将她们立体放在我的面前，和我走过了多遍的熟悉的胡同叠印在了一起，仿佛起了化学反应似的，一下子都激活了起来。

1948 年，那时候我也在北京，只是那时候，我才刚刚一岁。

1948 年和 1949 年，仅仅相差了一年的时光。而它的命运却要发生意想不到的翻天覆地的改变，不是前世的孽缘的报应或报复，是今世的阳光，突然之间万箭穿射一样，铺展展的撒进它的胡同深处。

## 二　只剩下一家妓院的陕西巷

我先找到了陕西巷，当年，赛金花、小凤仙和我认识的那位姜老太太，都曾经住过这条胡同，就先从这条胡同看起吧。

我惊讶地发现，当年在八大胡同里名声最显赫的陕西巷，在 1948 年的时候，妓院寥落得竟然只剩下了一家。陕西巷的变化，让人不敢相认。这一家妓院居然没有填写上自己的名字，妓女也寥落晨星，打不起精神来

了。这样的事实，实在让我没有想到，时光真的如一个雕塑师，可以将一切雕塑得面目皆非，所谓往来千里路常在，聚散十年人不同。更何况早已经过去的不止是十年，赛金花离开这里有四十来年，小凤仙离开这里有三十多年，就是我认识的姜老太太当年在这里的时候也是在 1948 年之前的事情了。

当我发现这一点的时候，我在想，不知道 1948 年的时候，姜老太太来过这里没有，我忘记问问她老人家了。如果赛金花和小凤仙在 1948 年故地重游的话，她们两人会是一种什么感觉？时间的历史和人的历史一样，有时都不容假设，都只会增添无限的伤感和似是而非的无奈。

1948 年的陕西巷，全街一共 147 户，店铺有 54 家。这条街，变成了一条热闹的商业街。我将所有的这些店铺抄了下来——

甲 2 号：新泰商行
甲 3 号：芳兴号杂货铺
4 号：　南华香酒茶铺
5 号：　陕西巷旅馆
6 号：　瑞祥煤行
10 号：　正大客货栈
12 号：　嘉裕粮栈
14 号：　杨记茶馆
16 号：　西服行
17 号：　守宗铁铺
20 号：　西顺源烧饼铺

21 号：　庆峰记成衣铺
22 号：　三顺洋车厂
乙 22 号：龙义兴大米面粉庄
甲 23 号：西福盛馒首铺
乙 23 号：西域顺面铺
丙 23 号：祥记酒铺
戊 23 号：西德顺饭铺
戊 23 号旁门：陕西巷羊肉铺
己 23 号：文光阁刻字铺
庚 23 号：义成旧货铺
辛 23 号：德顺兴洋铁铺
壬 23 号：纸烟杂货铺
24 号：　玉泰德茶叶庄
25 号：　德和永杂货铺
26 号：　美达利钟表行
27 号：　立德药房
28 号：　明华号商行
29 号：　永泰厚杂货铺
30 号：　恒丰杂货铺
丁 30 号：三义轩饭馆
32 号：　宏大诊疗所
32 号：　三和堂包子铺
33 号：　永泰豆腐房

34 号：　人和转运货栈

36 号：　同玉厚油盐店

37 号：　庆记成衣铺

37 号：　振兴纸烟店

37 号：　四和顺馒首铺

38 号：　庆丰祥百货店

39 号：　珍福楼猪肉铺

40 号：　珍福坊油盐店

乙 42 号：同和义馒首铺

43 号：　宏丰粮栈

43 号：　守贤车行

48 号：　永大气车行

49 号：　杂货铺

54 号：　林春客栈

甲 61 号：堆房（即库房）

这些店铺，五色杂陈，大小不一，挤在一条一里多长的街上，像是包子上捏出的褶儿，褶儿越多，密密地紧挨在一起，才叫做好手艺。看户口档案上记录的材料，32 号的三和堂包子铺，一个叫牛长满的 31 岁的人，带领着 13 个伙计，一天到晚地包包子，得卖出去多少包子呀！这家包子铺委实不小了。而甲 23 号西福盛馒首铺，则只是 42 岁的刁白氏一人，带着老父亲和两个孩子开的小铺子。很显然，老父亲多少还能够搭把手，帮点儿忙，两个小孩肯定是指望不上的了。这位刁白氏，为什么独自一人开

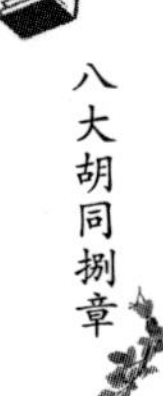

店，是守寡一人，还是丈夫出征或出工在外，只能凭空想象了。另一家40号的珍福坊油盐店，是一位叫林子南的86岁的老爷子孤军奋战独自经营，也实在让人在想象中叹息了，如若不是为了生计所迫，86岁的高龄应该是儿孙绕膝，颐养天年的时候了。

这就是1948年陕西巷的生活。无论是在那里经营生意的人，还是居住在那里的人，都是这样贫寒的市民。我看户口档案上，都是一些在附近清华池剃头的，在沂园澡堂子搓背的，或是经营布摊、烟摊或粥摊的小生意人，也有厨师、成衣匠、皮匠、木匠和电车司机，梨园行的，也有几位，但普遍文化水平都不高。文化水平高的，只有一处，是当时的《时轮》月刊的主任，带着两个编辑，在整条陕西巷里属于凤毛麟角文化人了。

这里48号的永大汽车行，格外引起我的注意。有卖汽车的店铺存在，说明在北京城当时陕西巷还是一条宽阔的街道，算是瘦死的骆驼到底还是要比马大。尽管这时候的陕西巷已经大不如以前了的风景了。赛金花在的时候，起码有粤菜馆恩承居和新陆春；小凤仙在的时候，起码有新华番菜馆；而不是像这时候只剩下了一些可怜的包子铺和馒首铺了。想那时候赛金花或小凤仙可以到胡同的南口，去那里的粤菜馆或番菜馆，也可以叫上几道可口的菜，让饭店的伙计送到怡香院或云吉班里吃。曾几何时，却一下子到了1948年，陕西巷把她们二位抛弃了，也把自己糟践了。

按照这份户口档案，5号陕西巷旅馆，就应该是现在的陕西巷旅馆，也就是当年风水先生说它像龟可以发财，而撺掇赛金花曾经买下的地方。如果以它为坐标，当年小凤仙住的云吉班，应该在它的南边，也就是6号到10号之间的位置上，中间隔着一个叫裤堆的死胡同。如果10号正大客

货栈不是的话，那么正好空出的这几处的大院中有一处会是云吉班。那么的话，当年曾经演绎过小凤仙和蔡锷将军生死恋的风流韵事加风云传奇，都烟消云散，那里住的都是我上述的那些下里巴人，已经淡忘了那些惊心动魄的事情了。

我特别调出陕西巷里的榆树巷的卷宗，查到当年赛金花居住过的 1 号院（只能是怡香院的一部分）这时候居住的人口情况，共住四户：一户姓张，老少五口，来自河北蓟县，靠女婿一个人给人家当佣人为生；一户姓张，老太太独自一人，来自北平顺义，也是给人家当佣人；一户姓高，夫妻两人，带一侄女，来自北平大兴，是个茶役；一户姓马，35 岁的中年妇女，带着 16 岁和 18 岁的两个孩子，不知靠什么谋生。不能够怪罪他们对于历史和往事的淡忘和冷漠，艰辛的日子，逼迫得他们连自己都自顾不暇，还有什么心思去怀旧？即使这院子里曾经飘散过赛金花的钗光鬓影，魂香裙风，离他们实在太遥远了。

事情就是这样的无情。1948 年的陕西巷，雨疏风骤之后，暮鸭惊散，凉月微弄，徒剩下一家妓院了，破旧杂乱得成为了贫民居住的社区，叫赛金花和小凤仙回来该如何下榻和回首？

## 三　准提庵和大北照相馆陪伴的石头胡同

石头胡同，给我们一些往昔的感觉，似乎过去并未走远，不像陕西巷完全脱去往昔那风尘扑满的外衣，一下子就走进了 1948 年的那种样子。

同陕西巷一样，石头胡同店铺也非常的多，它一共住户 117 家，店铺就占有 79 家，几乎是三分之二。但存在的妓院也多，竟然多到 18 家。

我们先来看看这 18 家妓院——

26 号：云和班。

掌班叫邢子宽，42 岁，河北三河人。

妓女 11 人，佣人却达到 22 人。过去的妓院，相关的连带服务的事情多，说明生意不错，佣工自然就多，而不是只靠妓女单打一。佣人和妓女两比一的比例，甚至比这样的比例更高，是妓院延伸服务的增多所致。

这 11 名妓女，都来自北京和河北：梅淑英，19 岁；李印子，22 岁；阎丽华，19 岁；周凤英，20 岁；王玉淑，21 岁；王淑贞，20 岁；龚秀卿，24 岁；纪贵荣，28 岁；谭丽华，17 岁；张淑贞，17 岁；邹贵宝，18 岁。

22 号：双泉茶室。

掌班的叫阎茂林，49 岁，河北三河人。

妓女 13 人，佣人 11 人，且全都是男佣。说明这家妓院明显不如云和班的档次高。

这 13 名妓女同样都来自北京和河北：马桂花，23 岁；刘金霞，24 岁；普湘云，23 岁；赵巧素，23 岁，张立华，23 岁；乔淑镜，17 岁；张佩云，23 岁；汪佩兰，23 岁；史文香，24 岁；张香如，22 岁；邢彩霞，17 岁；李翠喜，26 岁；周艳喜，21 岁。

34 号：四海班。

掌班的叫高朝举，56 岁，河北三河人。

妓女 19 人，佣人 21 人。

同样，这 19 名妓女也来自北京和河北：马红弟，23 岁；张彩妃，19 岁；赵砚华，24 岁；周雅兰，19 岁；丁洁英，17 岁；龚淑贞，19 岁；王

三媛，21 岁；王秋萍，21 岁；尹淑华，19 岁；吴秀琴，26 岁；陈月英，20 岁；李秀文，27 岁；李如意，19 岁；李蕙秋，19 岁；吴瑞英，21 岁；胡竹子，18 岁；吴润芝，24 岁；谭丽华，18 岁；楼淑英，21 岁。

35 号：聚仙茶室。

掌班为员祥，51 岁，北京顺义人。

这里的妓女仅有 5 人，除后进来的 17 岁的一位姑娘之外，都有自己的花名：红妹（20 岁）、金玉（21 岁）、金玉（20 岁）、艳侠（27 岁）。按理说，叫茶室的是二等妓院，一定是为了竞争客人，才改换了花名，叫得香艳而响亮。为什么会出现两个金玉的名字，我琢磨好久，不得其意，在别处也偶尔见过重花名的。大概是这样妓女讨客人欢喜，偶尔接待不过来，或者偶尔哪一位不在，可以另有一个替身，戏剧里 AB 角似的，可以轮换。这只是我的猜想。这种情形，在其他妓院中也常见。

37 号：玉香班。

掌班的为韩琳，一个女人的名字，却是个男的，41 岁。

妓女有 8 人：李兰芳，20 岁；刘生，18 岁；张凤仙，23 岁；胡竹子，18 岁；张艳华，24 岁；邹贵宝，18 岁；张募鑫，22 岁；王慧兰，22 岁。

这里有两人，邹贵宝和胡竹子，和云和班的邹贵宝、四海班的胡竹子同名。我发现了这一点，猜测大概不会是不同的两人而重名，而一定是同两个人。因为，如果叫邹贵宝的一般可能会多而重名，但胡竹子这名字，很特别，重名的可能性不大。更何况她们的年龄都一样。在我猜想中，一定是在同一年里，她们两人跳槽，从一家到了另一家里，而不大可能一仆二主，伺奉两家。这样的情况，在其他的妓院里，也能够看到。看来，那时候的妓院，流动性大，铁打的营盘不多，但流水的兵常见。

38号：双乐茶室。

掌班的为周子骞，56岁，依然是河北三河人。

妓女21人，是个大盘子：张大年，16岁；张贵芝，18岁；李凤英，18岁；姜俊青，17岁；康松兰，22岁；张美蓉，19岁；吴金花23岁；王张桂琴，25岁；曹艳文，21岁；马玉蕴，23岁；张素霞，19岁；田美玲，22岁；陈秀云，23岁；王维敏，23岁；张素英，19岁；陈素珍，24岁；宋孙氏，25岁；陈素贞，25岁；张桂舫，27岁；李金来，23岁；陈丽丽，26岁。

39号：协情院茶室。

掌班的为倪燕山，49岁，河北武清人。

妓女6人，同聚仙茶室一样，别看人不多，档次二等，却也都给自己的姑娘起了艺名，为的是戏不够，唱来凑，图的是添点儿佐料，好揽客。她们分别是：红舫，21岁、22岁两位；花舫，20岁；美珍，19岁；凤琴，18岁；兰香，17岁。起的都比她们本来的名字黄小毛、李田氏等要文雅好听得多。

48号：华芳楼茶室。

掌班的是张富德，43岁，河北三河人。

这家的妓女，和石头胡同里其他妓院不同，7人全部来自江苏，不是无锡，就是吴县，典型的南方班。她们是：丁桂英，17岁；龚玉英，20岁；张根弟，22岁；张霞芳，23岁；朱爱妹，21岁；杨兰芬，23岁；李志卿，25岁。除了丁桂英没有花名，其余6人都有花名：文英、立珠（两位）、美珠、香林。

69号：桂香班。

掌班的为马坤元，54岁，天津人。

妓女14人。来自河北江苏，南北混合，别看人多，却是个杂班子。

下列几家，都是大同小异的二等茶室，门脸都不大，妓女也不多，一家紧挨着一家，甚至一门之内花开两家：

70号：贵莲班。

71号：三福班。

71号：品乐班。

72号：荣华楼。

74号：玉乐茶室。

75号：庆华茶室。

76号：三福班。

77号：天升楼。

79号：蕊芳园。

87号：贵福茶室。

95号：久椿班。

这里，三福班，出现在了71号和76号两处，我弄不清楚为什么，但三福班当年在八大胡同一带很出名，为什么出名，我也搞不明白。也许，因为出名，一处地方不够，才另开一处为分店，只是猜测了。

这里，还需要说明的一点是，最后两家贵福茶室和久椿班都不大，但蕊芳园，是最后几家之中的一家大班子，17名妓女全部来自江苏吴县。在石头胡同里，只有它和华春楼两家是南方班，算是很显眼的了。但是，只有6名妓女的华春楼没有它的规模大。当年，蕊芳园快到石头胡同北口的位置上，那里靠近观音寺街，离着大栅栏很近，占据石头胡同的要津，人们只要是从大栅栏那边来，必得走观音寺进来，只要一进来，看见的第一家大些的妓院，就是它蕊芳园。如果按现在招商卖地盘，无疑它的价码得贵，谁让它占在了黄金地段了呢。难怪，当年京华春饭馆，就在蕊芳园的旁边 78 号，为的傍着它好做生意。来它那里的客人多，吃饭的人，无论是客人自己，还是请朋友，还是陪妓女，都自然会多。即使到了半夜里，只要蕊芳园里灯火通明，麻将声不倒，京华春里就一定会灶火彤红，酒香缭绕。

还要补充的，在蕊芳园的对面，有一家叫做大陆剧院的剧场在，也是它周围不可缺少的一大景观。说不上剧场是傍着它而建的，也说不上是它傍着剧场而建的，反正它们两家傍在一起，都不吃亏，照现在的说法，叫做强强联合，相得益彰，彼此受益。到大陆剧院看完戏到蕊芳园逍遥逛窑子的，或者逛完窑子带着相好的一起再来看戏消磨时光的，让彼此的客人活水一般，从这里到那里相互流淌着，泛起了浪花来。

而且，大陆剧院，是八大胡同的唯一一所剧院。在八大胡同附近，比如大栅栏和粮食店街，大观楼、广德楼、同乐轩、庆乐、三庆和中和剧场，在珠市口大街南北对着开明戏院和华北戏院、第一舞台，都离着八大胡同不远，大李纱帽胡同东口的中国影院，和小李纱帽胡同一步之遥，就在八大胡同的嘴边上，稍微伸一下舌头就能够舔到。但真正开在八大胡同里面的，却只有石头胡同里大陆剧院这一家。而且，就在蕊芳园的对面。

在八大胡同里，石头胡同的名气赶不上陕西巷、百顺胡同和韩家潭。主要因为在石头胡同里的妓院大都是二等茶室。但石头胡同却是八大胡同的重镇，特别是在 1948 年，八大胡同日渐滑坡的时候，一等妓院的生意不好，石头胡同的地位便越发的显现出来了。虽然是最后一搏的意思了，

却多少让八大胡同落日残照一般，还挥洒着一点儿昔日风情的余晖。

我不再细抄录石头胡同里那其余 61 家店铺了，说它们大多是寄生在 18 家妓院旁而生出的蘑菇或菌类，或许不完全准确，但说它们大多都是围绕着这 18 家二等妓院开设的，形成了连带而生的生物链，是有一定的道理的。在这里，我特别要提这样两个地方。一处是北口路西紧靠着大陆剧院的 2 号大北照相馆（大北照相馆搬到前门大街是新中国成立以后的事情）。另一处是石头胡同中段的 23 号的一座寺庙准提庵。

大北照相馆，1922 年就开在了石头胡同里了，它之所以在这里创办，瞄准的就是八大胡同的青楼女子和居住在这一带的梨园行的人士，那时候，愿意照相的，一般是这两类人。大北照相馆后来成为了北京城最有名的一家，应该是有远见的。当时，只有黑白照，大北照相馆的赵老板发明了一种棕色的照片，颇受这些青楼女子和梨园人士的欢迎。它从上世纪 20 年代挺立到了 40 年代末，也算是不容易了。1948 年的大北照相馆，与它毗邻为舍的，还有 50 号的振大照相馆和 58 号的世昌照相馆两家，在石头胡同中段。三家照相馆集中在一条胡同里，在八大胡同也是绝无仅有的，说明着照相馆当时的生意，起码还能够维持。大北照相馆，当时是由一位叫王泽民当经理，51 岁，北平人；一位副经理叫杨蔚如，46 岁，香河人；他们两人替赵家打理着店铺。因为战乱，随着八大胡同的不景气，当时它的生意大不如以前。但是，看户籍档案，即使如此，居然还有 64 个伙计在忙乎着，在照相馆里，生意还可以。只是看到这 64 人在那户口登记簿上频繁进出，并不稳定，心里暗想，真是一荣俱荣，一损俱损，大北照相馆的命运和八大胡同如此密切相关。

1948 年的准提庵，有寄居在里面的信徒和香客，还有 62 岁的僧人润然和他的弟子弥璋。1948 年的准提庵，师傅已经将寺庙的住持大任交给了弟子弥璋来担当。人们对他们师徒还很尊敬，而且准提庵里的香火还不错。这是一件很有意思的事情，看当时的户籍档案，那些妓院里的掌班和妓女，在填写信仰的时候，几乎无一例外地都填写着：佛。望着这一个个完全相同的“佛”字，仿佛看到了他们的一个个人的内心最深处也是最脆薄的一隅。在灯红酒绿纸醉金迷之中，佛伸展出的一叶菩提，真的是能够搭救他们奔赴来生的一艘安全的快艇吗？我想起科学知识还不普及的那个时候人们常说的，照相能够把人的魂灵摄了去，那么，作为大北照相馆和准提庵的双重存在，一个是摄走人的魂灵，一个是普度人的魂灵；一个是为了现世，看到自己肉身；一个是为了来生，看到自己的灵魂。石头胡同里的这个照相馆和这座寺庙，真的成为了他们的两样象征，象征着他们的今生和来世，象征着他们在今生的醉生梦死和惨烈惨痛的一生，象征着他们对未来的一点儿残存的梦想和寄托。

## 四　那么多人家有孩子做妓女的韩家潭

韩家潭，在八大胡同里地位从来都是极其特殊和重要，除它曾经是相公堂子的集中地之外，许多人都认为它和百顺胡同，不仅是八大胡同中南方班的发源地，也是戏剧尤其是京戏在北京立足生根的发祥地。

1948 年的韩家潭，和清末民初的时候相比，变化非常大了，255 户住户中，铺子只占有 22 户（包括妓院在内），而妓院只剩下了 7 家。这时候的韩家潭，基本是普通百姓的居住之地了，和当年的花团锦簇相比，有点儿春尽人老，繁华落去的意思。

我挨门挨户地仔细地看着那些户籍档案，发现了这样两点事实，一是住在这里的军人比八大胡同里任何一条胡同的都要多，二是住在这里的南方人（特别是住在这里的成衣匠很多，都来自江苏吴县），也比八大胡同里任何一条胡同里的南方人都要多得多。

对于后一条，我不奇怪，因为，一个地方居民成分的形成，和历史的积淀相关，最早住在这里的人，特别是渐渐形成了阵势和传统之后，近亲繁殖的潜移默化的力量，往往具有无形的影响力量。韩家潭最早因为南方班的形成南方人居住的多，慢慢的乡亲来了北京找乡亲，乡亲回到家乡带乡亲来北京，聚沙成塔，便如今天的浙江村在永定门外、新疆村在民族学院附近的形成。只是如今的服装生意和当年的皮肉生意无法同日而语，但话糙理不糙，道理是一样的。

对于前一条，我有些奇怪，为什么军人多呢？我只能做这样最浅显的解释，在那个动荡的年代里，军人相对有钱也有势一些吧，所以，他们选择了相对地理位置不错住处也不错的地方来安家吧？而且，他们只是一些上尉少校或汽车团给头头脑脑开车的司机，也都不是什么大官，可以进内城在王府里或在王府边上安家置业，便退而求其次，找到了这里。从一些大龄军人和20岁刚出头的年轻女人结婚却没有孩子这一点来看（而且这些军人都并不在北平驻防，而是在热河等外地），让我忍不住生出联想，会不会是这些军人看中了八大胡同的烟花女子，刚刚替她们赎身不久，就近水楼台，辟为外室，权且栖身？都只是猜测，无从考证。

除了军人，住在这里的五行八作，什么人都有了。除了在这里开店，前店后家的住在这里的小生意人之外，大生银行的职员，六国饭店的厨役，晋通旅店的经理，恒庆澡堂子的当差，印刷厂的工人，西服店里裁缝，竹木行里的篾匠，首饰店里的商人，唱大鼓词的艺人，梨园界里的须生，珠宝市上的古玩商，寺庙里的道士……虽然也住着拉洋车的车夫和纸烟摊的小贩这样的贫寒人家，但从整体面貌来看，都是一些温饱不愁的体面人家，比起八大胡同的其他胡同来，日子要多少好一些。

但是，有这样一点，让我有些吃惊，为什么表面看来要比那些拉洋车卖纸烟的日子好过的一些人家，却偏偏有一个甚至两个妓女呢？

3 号院，朱安氏，55 岁，江苏无锡人，带着一个 19 岁女儿朱元妹，两个来自吴县的外甥女：16 岁的谢福妹和 25 岁的李慰莲，却让自己 19 岁的女儿为妓。

4 号院，关长英，46 岁，北平人，是个成衣匠，妻子郭氏，29 岁，没有自己的孩子，带着一个 19 岁的侄女佩秋，让佩秋作双凤院的妓女。

4 号院的另一家，唐周氏，41 岁，江苏人，自己是一个女佣，和外甥女同样来自江苏的朱贵宝，25 岁，在百顺胡同的潇湘馆里当妓女。

12 号院，张家夫妇带着三个儿子和一个外甥女，却让外甥女顾秀珍到百顺胡同里的鸣翠阁当妓女。

16 号院，邱根泉，江苏人，厨师，带着一个女儿一个儿子和三个侄子，让自己的女儿为妓。

同样 16 号院，赵李氏，房山人，和弟弟一起生活，也是带着自己的一个女儿一个儿子，也是让自己的女儿为妓，那女儿才 16 岁。

还是 16 号院，林在山，56 岁，江苏人，带着一个外甥女，两个侄女，分别是 18、19 和 20 岁，却全都让她们在百顺胡同里凤鸣阁当妓女。

还是 16 号院，俞家，带着一个儿子一个女儿，和一个 21 岁的外甥女，外甥女为妓。杨家，带着 23 岁的女儿和 21 岁的侄女，让侄女到品乐

茶室为妓。

17号院，邢家，江苏人，表妹陈茗香，一个好听的名字，21岁，在百顺胡同潇湘馆为妓。

还是17号院，顾张氏，江苏人，女儿巧云，同样一个好听的名字，18岁，在百顺胡同群芳馆为妓。

24号院，薛家，江苏吴县人，外甥女，20岁，春艳院为妓。

27号院，刘家，通县人，女儿19岁，莲花河为妓。

29号院，李家，女儿16岁，鸿翠阁为妓；丁家，女儿23岁，翠香阁为妓。顾家，外甥女，19岁，美仙院为妓。朱家，侄女，19岁，贵香班为妓。

45号院，邹家，女儿，21岁，香泉班为妓。

55号院，顾家，女儿，17岁，群芳班为妓；外甥女，21岁，群芳班为妓。濮家，女儿，20岁，春艳院为妓。

……

看到户口登记上，一条韩家潭胡同里，除了本身就是妓院之外，其余大多数院落里，几乎都有人家有自己的亲人卖身为妓。这样多的名字一个个出现，而且，除了外甥女侄女，还有自己的亲生女儿，真有些触目惊心。想想看，一家人口中赫然有一个人的名字后面注明的身份是妓女的时候，像是饭中吃进了硌牙的沙子一样，我的眼睛确实火燎一般被刺疼。

我不明白为什么会出现这样的情况，并不是个别的人家呀，在那厚厚一摞的户口簿上，在这家，在那家，频繁看到这样的字眼，我的心里不住的发问，到底是为了什么呢？是因为生活所迫吗？但是，看到有的人家一大家子里面，并非只有这些女子是成人，还有其他人，也都成年，可以凭本事凭力气干活养家，为什么不能出出力，而非得让自己的孩子或让自己的姐妹出去卖淫？那些远道投奔而来的外甥女或侄女，当初来就是知道就是为了当妓女谋生的吗？还是被她们的亲人为了多挣一点儿钱而少一张吃饭的嘴，便无情地把她们投入火海？

也许，事隔经年，我不能理解当时的人们，刻舟求剑一般，以今天的标准衡量他们，对他们有些苛求。但是，仔细思索，我总是有些不解，心里总在想，一家子人，每天在一起生活，明明知道其中的一位是出去当妓女，每天等她回到家，家里的那些人该怎么面对她呢？就真的那么无所谓，心安理得吗？以为是正常的上下班一样吗？还是虱子多不痒，自尊早如臭虫一样被自己用手捻死，心里早磨出了老茧，以此来抵抗着脆弱的同情和自责？我真的无法理解那个时代人们对性的开放和妓女的宽容程度，或者说麻木的程度。也许，在经济的巨大压力之下，往往最容易失范的是道德。道德可以让人尊严和高尚，却解决不了肚子的问题，而肚子的问题，往往是最实际的问题。从这一点来看，韩家潭也并非我想象得那样日子好过，在表面的平静掩饰下，不少人家和八大胡同里其他的胡同里的人家一样，如果不是日子过得捉襟见肘，谁家愿意让自己的亲人出去卖淫为生？从这一点来认识，我真的感到八大胡同走到尾声的必然性。连最安定最富裕的韩家潭都堕入如此地步，八大胡同还有药可救吗？

还是再来看看 1948 年韩家潭存在的妓院的情况吧。在户口档案上，可以清楚地查到，那时候韩家潭有 7 家妓院，这 7 家妓院都是一等的清音小班，即南方班。统计在案的一共 72 名妓女，其中除了两名来自北京通县，一名来自无锡，另一名来自浙江，其余都来自江苏的吴县。那些佣人也都大多来自吴县，居住在这里的人，不少也来自吴县。韩家潭，几乎成

为了吴县村。

5号：满春院。

掌班的为王顺山，男，61岁，吴县人。

妓女17人，全部有各自的艺名：红妃，22岁；情雯，24岁；情云，18岁；美雯，17岁；竹妹，21岁；秦玉，17岁；弟弟，17岁；妹妹，18岁；若士，27岁；露妹，22岁；碧云，22岁；情珠，23岁；洪顺利，21岁；吴翠娥，23岁；照巧珍，19岁；陈金弟，17岁；陈春媛，17岁；佣人7人全部是女佣，两人来自无锡，五人来自吴县。

15号：星辉阁。

掌班的为吴丁氏，女，54岁，江苏武进人。

妓女9人：顾明利，19岁；苏丽丽，19岁；卢云英，18岁；孔根弟，21岁；顾大毛，21岁；陈凤弟，18岁；陈新弟，18岁；项顺弟，19岁；吴黄氏，27岁。男女佣人共21人。

20号：美仙院。

掌班的为顾阿四，女，57岁，吴县人。

妓女15人：邵燕红，21岁；陆连弟，23岁；王金凤，23岁；苏小凌，19岁；蔡素贞，22岁；唐明宝，17岁；顾茹妃，19岁；王金娣，18岁；邹贵宝，17岁；吴礼明，22岁；宋招娣，20岁；李贵，17岁；施林珍，18岁；王秀妹，16岁；潘银南，20岁。男女佣人共26人。

23号：环翠阁。

掌班的为朱子英，男，56岁，吴县人。

妓女13人：陈文英，20岁；朱巧珍，21岁；孙凤弟，22岁；陈慧珠，19岁；陈慧珍，19岁；王依云，19岁；王素琴，22岁；蔡四宝，18

岁；邹秀英，17岁；严珍媛，17岁；倪桂英，22岁；陈雪英，16岁；陈巧环，22岁。男女佣人共26人。

53号：春艳院。

掌班的为袁顾氏，女，66岁，吴县人。

妓女8人：程惠妹，21岁；吴金媛，21岁；濮秀英，19岁；洪顺利，22岁；钱新弟，19岁；王瑞英，20岁；张月华，22岁；濮珍弟，17岁。男女佣人共24人。

66号：明花院。

掌班的为吴晋山（外号阿四），男，59岁，吴县人。

妓女10人。6人有艺名：姚阿秀（绿叶），22岁；邢珍红（红珠），18岁；张拈二（紫华），19岁；吴桂珍（妃红），20岁；王阿妹（素妹），19岁；周珍媛（素文），20岁；杨素珍，31岁；杨根弟，19岁；张巧仙，23岁；朱三媛，18岁。男女佣工20人。

另有56号杏花村，但从户籍档案看，后来这个院已成为大杂院，妓女人数不详。

另附15家铺子——

1号：铺子，名字不详。

2号：林兴果局。

3号：大兴客店。

13号：冯记车厂。

30号：平时鞋店。

31号：蕴记香烛店。

34 号：林记茶馆。

美丽川饭馆。

38 号：永利服装店。

39 号：大和诊疗所。

46 号：义大煤铺。

61 号：三义成旧货铺。

云龙旅馆。

64 号：永昌盛粮行。

67 号：兴成油盐店。

之所以把这 15 家铺子列下，是想看一下 1948 年的韩家潭，究竟是一种什么样的格局，和以往作为八大胡同中的一等妓院的集中之地，有了什么样的区别。应该说，在 1948 年的八大胡同中，除了毗邻它的百顺胡同，它拥有的妓院算是多的了。但是，从这 15 家店铺来看，几乎专为妓院服务的并不太多，林记茶馆和美丽川饭馆，大概算不上，作为一等妓院的妓女和客人，他们完全可以叫附近更好的饭馆送饭菜过来，也可以到更好的茶馆去喝茶，一般不会去憋屈地挤在一个院子里的茶馆或饭馆去。勉强可以算上的，是林兴果局和蕴记香烛店，她们倒是需要供奉的香烛，吃点儿时令的水果，就近取材。因此，那些诊所、煤铺、粮行、油盐店等铺子，更多的是为了居住在这里的一般人服务的。我们也就可以看出，一是比起以往灯红酒绿妓院丛集的韩家潭，这时候只剩下 7 家一等妓院，风光在日益减退；一是韩家潭已经逐渐从纯粹的红灯区，向居民区转化。1948 年的韩家潭这个社区，几乎可以叫吴县村了。只是这里那么多户人家里有着卖身的妓女，如此的波澜不惊，见怪不怪，还是非常奇怪的事情。也许，各家各户的衔悲掩泪，隐藏在一街表面的平静背后。

## 五　拥有最多一等妓院的百顺胡同

一等妓院，南方班的另一个重镇，在百顺胡同。1948 年的百顺胡同，和韩家潭相类似，112 户，其中商铺 17 户，妓院 10 户，住户和妓院，可以说在八大胡同中都是最多的了。

先来看看这十户妓院的分布情况——

5 号：群芳馆。

掌班的为平祥福，68 岁，吴县人。

妓女 18 人：陶贵宝（莉莉），19 岁；周金娣（红妹），17 岁；顾根弟（莉娟），17 岁；朱菊英（玲珑），18 岁；朱三媛（慧文），18 岁；糜金妹（静宜），21 岁；史金弟（素素）22 岁；陆美妃（路明），19 岁；张小妹（木兰），22 岁；朱大妹（文娟），18 岁；邢妹妹，19 岁；张妹妹，20 岁；董小妹，17 岁；莫素珍，18 岁；陈素云，19 岁；张根弟，18 岁；史美鸿，20 岁；史美莹，19 岁。

可以看出，这家妓院里妓女都非常的年轻，最大的才 22 岁，都是风华正茂的女子。这家妓院一共有佣工 15 人，全部女佣，而且也非常年轻，最年轻的只有三十刚出头，最大的也才 40 多岁。而且一色来自吴县。这家妓院紧把着百顺胡同的东口，路北的第一家，属于风水宝地，是百顺胡同的第一块招牌，起着醒目的标志性的作用。现在，这个地方还在，老房也还在，只是当年这些年轻的妓女和女佣，已经蓬飞莲转，不知命运如何

了。算一算，她们当中当时最小的妓女如今也有75岁了。

13号：凤鸣院。

掌班的为董子棠，55岁，吴县人。

妓女10人，其中一人来自无锡，一人来自扬州，其余都来自吴县。依然都非常的年轻，最大的只有21岁，最小的才16岁。别看人数并不多，却是一家高等妓院，院子很深很宽，最后有一座二层小楼，房子都非常的好。

甲19号：泉湘班。

掌班的为李信臣，河北武清人。

妓女10人。一位来自天津，另一位来自大同。其余都来自吴县。也都很年轻，最大的23岁，最小的17岁。

21号：美凤院。

掌班的为陈巧云，女，45岁，吴县人。

妓女6人，一位扬州人，另5位都是吴县人，却拥有男佣12人和女佣7人。可见当时这家妓院的气派。

22号：云香阁。

掌班的为曹辅庭，宛平人。

妓女11人，除了后来的两位来自河北三河和平谷，其余都是江苏人。其中最早开班的6位有自己的花名：情柳、雪妹、雅珍、慧雯、春红、月华。年龄18岁到20岁之间，非常的年轻。我稍微仔细将其中的佣工作一番分析，可以看出这家妓院比上面的美凤院还要讲究和气派。其中司账1人，厨师1人，打更的1人，门房4人，跑所的（类似跑堂的，过去谓之“大茶壶”）4人，以上11人都是男的。再有4位跟妈儿，即专门服侍挂头牌的姑娘的，这4位跟妈儿，两位37岁，两位43岁，都是利落精明之人。妓女中，有莫素珍等是从群芳馆等处过来的，可见是这里不错，才水往低处流，人往高处走吧？

24号：鑫凤院。

掌班的77岁的老头，叫吴鸿昌，吴县人。

妓女11人，全部来自吴县。佣工20人，几乎是二对一的服务。

这是一家老牌的清音小班，也是百顺胡同仅有的两座洋楼房中一座，另一座在它的斜对面，也是一家妓院，叫做松竹馆，非常漂亮，显山显水。松竹馆是整个八大胡同里老牌的北方班，仿佛为了和鑫凤院作个对称似的，一南一北，面对着面，呼应着，招揽着各自不同风味的生意。但是，在1948年的档案里，却没有看到松竹馆的记载，猜想是已经先走一步，倒闭了，变成了住人的大杂院。

25号：潇湘馆。

张仁义，46岁，无锡人。他是这里的经理，不是掌班。

妓女12人，除后来的两人没有花名，其余10人均有花名：沉主、云珠（两位）、丽华（两位）、湘君、萍君、珍珠、红霞、素秋，都是17岁到22岁之间的姑娘。她们和13位男佣、3位女佣，全部来自吴县。

这也是一家老牌的妓院，民国七年（1918），就在这里开业。一直宝刀不老，风流依旧，算得上是百顺胡同里的一个奇迹。它非常大，横长竖窄，一个院子套着一个院子，典型的老北京四合院的风格，据说原来里面花草非常的茂盛，每个小院独立成章，古典休闲的风格，很让一些爱怀旧的老派人士光顾。它的东院墙紧挨着鑫凤院的洋楼，一袭袅袅的旗袍，和一套款款的西装似的，故意做着一中一西的对比。

37号：鑫雅阁。

掌班的为葛云昌，54岁，吴县人。

鑫雅阁，应该位于松竹馆的东侧，是一个不大的南方班。它只有妓女7人。除一位来自浙江，全部是吴县人。

从鑫雅阁开始，妓院从百顺胡同的北边，移师南边。从门牌号码，我们就可以看得出来，鑫雅阁37号，和潇湘馆25号，中间隔着12个门，也就是12个院子。潇湘馆，已经快到了百顺胡同的西端了（在潇湘馆的西边只有三个院子），按照民国时期的门牌号码排列的方式，就要从对面的院子的西段往东按顺序接着排列。也就是说在还有9个门才能够到鑫雅阁，这9个院落中，在更早以前，也就是民国之初的时候，还有好几家妓院，比如前面说的北方班的代表松竹馆，以及苏州馆、兴顺馆、阑香院、美锦院等，但在1948年的时候，这些妓院都已经变成了大杂院。

44号：鸣翠阁。

掌班的为高凤鸣，46岁，北平人。我猜想，鸣翠阁是由他自己的名字而来，有没有杜诗里“两个黄鹂鸣翠柳”的意思，就不知道了。它应该是一家开设时间不长的妓院，因为我在查阅民国前期材料的时候，百顺胡同里面没有鸣翠阁这个名字。

我想我的这个判断是对的。为我做另外佐证的是，鸣翠阁里的16位妓女，打破了百顺胡同传统格局，即要不全部来自南方（基本是吴县），要么全部来自北方（如松竹馆），它却是五色杂陈，来自哪儿的都有，既有南方的，也有北方的，根据户口档案提供的材料显示：来自吴县的4人，来自浙江石门的1人（南方人共5人）；来自北平的6人，来自河北武清的2人，来自通县、三河和绥远的各1人（北方人共11人）。这样混编的编制，已经不符合八大胡同的传统规矩。这说明：一，老板是北平人，北平人自以为生在天子脚下，可以想怎么来就怎么来，视老规矩如粪土；二，八大胡同确实已经“礼崩乐坏”了，连最老牌的百顺胡同都已经如此了，其他的七条胡同，也都是在苟延残喘之中罢了。

我不想再细列百顺胡同那 17 家商铺了，因为它们和韩家潭所表现的内容基本相似，一些杂货铺烧饼铺货纸烟铺，都是为在这条胡同里生活的普通人而设的，并非专为妓院服务的。我只把其中最不一样的几家标示出来。

一处是 8 号的正觉寺，另一处是 43 号的永春汽车行。永春汽车行，让我想起陕西巷里的永大汽车行，说明当时的百顺胡同和陕西巷都是非常宽敞的，也是八大胡同里比较兴旺一些的。因为当时的八大胡同里只有陕西巷和百顺胡同有汽车行。而百顺胡同里的汽车行显然是为到这里逛妓院的人服务的，这里的居民是和汽车无缘的，外面的人如果不是到妓院里来，谁也犯不上拐好几个弯才能够拐进这里来。

正觉寺，让我想起石头胡同里的准提庵。1948 年的八大胡同里，只有这两座寺庙。在老北京，寺庙开设在胡同里，是非常常见的景观，寺庙，不仅维系着社区里人们排遣孤独忧愁而彼此交往的认同感和安全感，更维系着居住在胡同里人们对于世界的基本的信仰，将并不如意的生活甚至艰辛的日子，都有了化解的地方，而将自己贫瘠的精神和苦涩的心，在香火缭绕之中有了寄存的地方。据说，清乾隆年间北京城大小寺庙有 1200 多座，到了清末的时候北京城一共有大小寺庙 800 多座，其中大部分设立在胡同里。过去说，深山藏古寺，对于老北京却是胡同藏古寺。所以我说南城四百八十寺，多少藏在胡同中。了解了这一点，才会了解 1948

年八大胡同中仅存的这两座古寺，不仅对于居住在这里的一般人，而且对于生存在这里的妓女的意义。表面浮华背后所掩藏的孤独和辛酸，到了1948年八大胡同走进衰败的尾声的时候，那些妓女们的辛酸就更加深了一层。于是，在客走茶凉夜深人静的寂寞无着的时候，在老鸨逼迫并克扣她们可怜的报酬的时候，在乡愁弥漫却归家的路迢迢迷茫而不知所以的时候，天阶夜色可以还是和以前一样凉如水，但明朝并不一定能够迎来卖杏花的美好情景呀。于是，没有了家，没有了钱，也没有多少文化的妓女们，寺庙就是她们心思和心灵最好解脱之地。

在查阅百顺胡同户籍档案的时候，还有一处让我的眼睛一亮，那就是在4号院子里，我看到一个做职员的叫邢鸣九的人，他是北平汇文中学毕业。因为我也毕业于汇文中学，他应该是我的师哥。他是吴县人，我想正是因为这里住着太多的吴县人，他才会选择住在这里来的吧。那一年他44岁，如果活到现在他已经是102岁的老人了。虽然历经了沧桑，八大胡同活到了现在，他也会活到现在吗？

## 六　雾暗烟浓的朱茅、朱家和小李纱帽

在前面所说的四条胡同里，历来是一等妓院居多的，1948年的时候，虽然数量在减少，但其格局还保持以往的大致模样。在八大胡同里，一般以陕西巷和石头胡同这样两条南北走向的胡同为界线，西边的韩家潭、百顺胡同（也包括它们自己）是头等妓院聚集的地方；东边几条胡同则是二三等乃至下处了。

我们来看看东边的几条胡同，在那时候的状况。

朱茅胡同，原来叫猪毛胡同（它的旁边还有一条叫羊毛胡同），和百顺韩家潭相比，人配衣服马配鞍一般，光听名字，一听就知道这里是下里巴人住的地方，觉得太不雅，才改成了朱茅胡同，是不是和妓院在这里大面积生成有关，就不得而知了。短短的一条朱茅胡同，30 多户门牌，竟然有 17 家是妓寮，几乎是门挨着门，可以用鳞次栉比来形容。

1 号：忠福院。

掌班的是康书臣，60 岁，北平通县人，妓女 8 人，一半来自南方的浙江上海定兴，一半来自北方的北京和河北。

2 号：富贵堂。

掌班的是孙起树，43 岁，通县人。妓女 4 人，都来自北方，北平、蓬莱、新城和易县各一人。

3 号：清华院。

掌班的是赵长青，三河人。妓女 6 人，除一人来自江苏，其余都来自北方，且都有花名：金香、彩云、美君、筱红（两位）、红星。

4 号：无名。

掌班的是李孝维，50 岁，三河人。妓女 8 人，都来自河北。

7 号：银香茶室。

掌班的是沈冠林，48 岁，河北武清人。妓女 17 人，除一人是山西大同，其余都是河北人。这家妓院在整条朱茅胡同里算是最大的了。

9 号：春香院。

掌班的是尹维瑞，52 岁，河北香河人。这家妓院很特别，只有妓女两人，年龄一个 26 岁，另一个 31 岁，算是比较大的了。在别处，30 岁以上就要当女佣了。但是，它却有 5 个佣人，伺候着这两位妓女，掌班的自

己住在旁边的8号院子里，遥控着这边的生意。

10号：艳福茶室。

掌班的两位：赵德山，56岁，三河人；杨佐庭，51岁，香河人。妓女8人，都是河北人。

11号：永安下处。

掌班的是孙永祥，44岁，北平人。妓女7人，都是北方人。

12号：华兰楼。

掌班的是侯玉顺，45岁，通县人。妓女10人，都是北方人，年龄偏大，由一个外号叫小四的妓女挂帅。

13号：魁顺下处。

掌班的是张其魁，63岁，三河人。妓女6人，都是北方人。

20号：宝华下处。

掌班的是刘俊华，仅仅21岁，通县人。妓女4人，都是北方人。

21号：永乐茶室。

掌班的是王乐山，56岁，三河人。妓女7人，各有花名：美蓉、宝萍、凤霞、文霞、美铃等。

22号：同鑫院。

掌班的是郝玉祥，31岁，三河人。妓女8人，都来自北方，却有16个佣工的庞大的后勤队伍。看来生意还不错。

28号：华凤院。

掌班的是苑春荣，33岁。妓女8人。由两个叫桂喜和雪艳的挂头牌。

29号：永和茶室。

掌班的是刘华斌，32岁，三河人。妓女8人。

30号：双喜下处。

掌班的是蔡宝泉，51岁，三河人。妓女2人。

31号：德福茶室。

掌班的是武玉麟，49岁，宛平人。妓女11人。

我们再来看看紧挨着朱茅胡同的朱家胡同，这是条比朱茅胡同还要短的小胡同，一样麇集着6家下等妓寮。

5号：迎宾楼。

掌班的是张玉贵，52岁，三河人。妓女8人。

6号：瑞福院。

掌班的是于福寿，48岁，三河人，妓女17人。

21号：金生楼。

掌班的是曹永义，51岁，密云人。妓女6人。

22号：民乐院。

掌班的是王德江，41岁，三河人。妓女10人。

27号：久香茶室。

掌班的是张子久，49岁，大兴人。妓女8人。

28号：全合班下处。

掌班的是张完全，54岁，三河人。妓女14人。

最后来看看位于八大胡同最东端的小李纱帽胡同。

在以往传统对八大胡同的称谓中，有把大小李纱帽胡同都算为八大胡同的范围里面的，民国早期有“大小纱帽柳，施谭王蔡白”一说，上联的物对下联的姓，这里的白指的是百顺胡同，其余四个姓氏分别指的是施家胡同、韩家潭、王皮胡同和蔡家胡同；而上联说的柳指的是留守卫胡

同，后来并入朱家胡同了。但是，我看档案，1948 年的大李纱帽胡同里，绝大多数是饭馆、茶庄、理发馆和照相馆等店铺了（其中紧把东口的同福居的粉蒸肉在北京最有名），妓院已经一家没有了。当然，这些店铺很大一方面是为它旁边的八大胡同服务的，它并没有完全和八大胡同脱离了干系，却毕竟已经退居二线了。

只看小李纱帽胡同的妓院分布——

8 号：名称不详。妓女 3 人，均来自江苏。

9 号：明春院。妓女 8 人，一人北平，一人上海，其余都是河北人。

10 号：新美楼。妓女 7 人，都来自北方。

12 号：新升楼。妓女 17 人，都来自河北。

14 号：华宾楼。妓女 2 人，都是北京人。

25 号：清香院下处。妓女 6 人，来自河南山东。

26 号：双凤楼下处。妓女 6 人。

27 号：青松阁。妓女 7 人。

28 号：鑫美院下处。妓女 9 人。

29 号：永泉下处。妓女 7 人。

一共 10 家。1948 年的小李纱帽胡同里一共是 21 户人家。这 10 家妓院，应该说数量也不算少了。但在最鼎盛的时候，21 户人家中，20 家是妓院，其密度，在八大胡同中可以说是首屈一指，无处可抵。当然，从一开始，这里都是一些下处之类的低等妓寮。1948 年的小李纱帽胡同里这些看似名字不错的妓寮，其实，只是绣花枕头而已。而且，它们的名字是在频繁改动之中的，今天叫这个，明天就可能叫那个。一般而言，商家店铺都重视自已的字号，老字号就是金字招牌，是不会轻易更改的，如同英雄可以莫问来处一样，英雄一般是坐不改名行不改姓的。任何商家一到了二八月穿衣频繁变换名字的时候，就是到了破败潦倒的时候了。如果现在到小李纱帽胡同里走走，到那些还在的院子里看看，逼仄得连脚都没有地方放，想象那时候七八个甚至十几个妓女挤在很小的一个鸡窝一样杂乱的院子里，每间屋子如鸽子笼一样的狭窄，只能够说是比八大胡同之外的那些如金鱼池或黄花苑里的妓寮，勉强稍好一些罢了。

那时候的妓女，不要说最怕的是病，没有人会管的，小病还罢，大病尤其是梅毒，只能够坐以待毙。只说生意的惨淡，掌班的盘剥之外，赋税还出奇的多，其中百分之四十到五十的营业收入要纳入一种特种营业税中（人们称之为“花捐”），除了一等妓院的妓女日子稍好过一些，如小李纱帽胡同里这些下等妓女的日子，在风雨飘摇之中，很不好过。那时候，曾经流传这样一首名为《妓女悲秋》的唱词，在八大胡同里，在天桥的唱班里，传唱过：“初一十五庙门开，牛头马面两边排，大鬼拿着生死簿，小鬼拿着灵魂牌。阎王老爷当中坐，一阵风刮进一个鬼来，头顶状纸地下跪，遵声阎王听明白，下辈子叫我脱生为牛马犬，千万别再脱生女裙钗。一岁两岁娘怀抱，三岁四岁离娘怀，五岁六岁街上跑，七岁八岁母疼爱，九岁十岁把我卖，未挣到钱妈妈狠打，皮鞭蘸水把我排。一鞭打下我学鬼叫，皮鞭打得皮肉开。十三十四就地清倌卖，小小年纪就开怀，三天没吃阳间饭，五天到了阴间来，一领芦席把奴家卷，扔到荒郊无人埋。南来的乌鸦啄了奴的眼，北来的恶狗抓开了奴的怀，问声阎王你说我犯了什么

罪，这样待我该不该？情愿来生做牛马，不愿做女人到阳间来。”

如果是按照以前有头有脸的官商之类的大户人家逛八大胡同的话，一般不会从大栅栏那边走观音寺过来，那边太热闹，人多眼杂，而都会从珠市口西大街那边过来的，那边马路宽敞一些，也清静一些，或从胭脂胡同，或从陕西巷，或从石头胡同进来，因为这三条胡同的南口都开在珠市口大街上。那么，一路由西到东，从百顺胡同、韩家潭到朱家胡同、朱茅胡同，走到小李纱帽胡同，就走到了八大胡同的边上了。1948 年的小李纱帽胡同里，雾暗烟浓，路迷尘嚣，一副颓败的下等妓寮的模样，已经是整个八大胡同的一种缩影和象征。梁台歌管三更罢，犹自风摇九子铃。八大胡同，快要走到自己的尽头了。

## 七　1949 年八大胡同成为历史的名词

1949 年，对于北京城是一个关键的年头。它属于历史，属于人民，也属于八大胡同。

这一年的 2 月 4 日，也就是解放军从永定门开进北京城的第二天，夺取了新政权的共产党，成立了以罗瑞卿为局长的北京市公安局，一共只有 67 人，来面对一个新生而动荡中北京城的治安，其中包括正在奄奄一息却是百年之蛇僵而未死的八大胡同。

这时候，有一天，彭真和刘仁同志，从珠市口西大街，走进八大胡同。这是一条达官贵人进入八大胡同的传统路线。消息立刻在八大胡同里传开了，那些妓院的掌班兴奋地嚷嚷道：“共产党的大官来逛窑子了！”他们以为会和以前一样，历朝历代，有换将换相的，却从来没有不要妓女的。

那一天，彭真和刘仁同志来到陕西巷，专门看望了一个患了梅毒的妓女，她才只有13岁呀。

共产党下定了决心，根治蔓延在中国土地上千百年来的娼妓制度。1949年的11月21日的夜里，以罗瑞卿为总指挥的指挥部，开始了全市的封闭妓院的统一行动。这一天的下午5点，北京市第二届人民代表大会一致通过了《关于封闭妓院的决定》，晚8点整，2400多名警察和干部，37辆大卡车，一起出动，一夜之间，227家（另一统计为224家），其中绝大多数在八大胡同里的妓院，全部被封闭，1286名（后来又陆续收容的暗娼30人，一共1316名）妓女，被集中在8个教养所（每所大约140人）。八大胡同，真的走到了它彻底落幕的时候了。快的速度，让人们还没有反应过来，两岸猿声啼不住，轻舟已过万重山。不要说那些妓女和她们的掌班的，简直不敢相信面前的事实，就是一般百姓，也心存怀疑和迷惑，妓院和妓女真的从此再不复存在了吗？

有意思的是，这8个教养所，分别设在了14家妓院里，即满春院、明花院、美鑫院、鑫凤院、潇湘馆、美凤院、星辉阁、环翠阁、云香阁、鸣翠阁、泉香班、群芳班、美仙院、同善院。它们都是百顺胡同和韩家潭一等的妓院，那里的条件更好一些，也更宽敞一些吧？那时候，大概那些妓女想不到，这是她们最后一次住进这些家妓院里了，这些家妓院也想不到，这是它们最后一次发挥自己的作用了，只不过，这一次，它们不是为了那些嫖客服务，而是为了妓女自己服务，她们要在这里自己拯救自己了。有时候，看到那些老照片，或当时的纪录片，那些妓院墙上的砖雕匾额上雕刻着自己妓院的名字还在，就像一本书的残缺的老封面还在，里面

的内容却已经焕然一新了，总有一种时光错位的恍惚之感。漫长的历史进程中，在瞬间变迁的对照下，其巨大的意义，只有在事后才会逐渐地显现出来，品味出来。

八大胡同，从此进入了历史，成为了历史中的一个名词或修辞。

那1316名妓女，得到了新生，共产党在新中国刚刚建立经济还分外紧张的时刻，拿出了一亿元的旧币，买来进口药，为她们中患有性病的人医治好了病，还帮助她们步入了新的生活。她们不是被家属接回了原籍，就是进了棉纺厂当了工人，要不就是嫁人成家过上了正常人的生活。那时候，曾经有一部话剧（马少波编剧，洪深导演，后拍成电影，改成评剧），叫做《千年冰河开了冻》，反映的就是她们这段新生活。

但是，她们的命运，并未从此真正的罢休，或者，准确地说，她们当中一部分人的悲惨命运，并没有随着八大胡同的结束而结束。过去的日子，没有彻底死去，还会像梦魇一样，不时地找上门来。千年的冰河是开了冻，在开春的时候，和泛着桃花水的河流一起流淌，但也可能随着季节的变化而再次冰封，凝结成凛冽寒冷的冰块，压迫在她们的头顶和心胸。

在我们中国，历来的传统中，从来对青楼文化态度暧昧，从来离不开甚至津津乐道于青楼女子，却又从来对青楼女子持鄙夷的态度，她们成为社会最卑贱的最底层，可以被肆意地玩弄，也可以被无情地蹂躏。从欲望的角度，很容易把她们当成泄欲的机器；从经济的角度，很容易把她们当成最便捷的发财手段和经济新的增长点；从政治的角度，不是由她们而容易产生政治的情色化，让她们成为政治附属的尤物，就是由她们而容易政治的扩大化，让她们成为了政治可怜而无辜的牺牲品。前者，早有先例，如赛金花和小凤仙；后者，在下面的一章里，我们马上就会看到。尽管她们早已经幽门紧闭，红颜暗老，却依然不会放过她们，不管是因为什么原因，她们曾经为娼的经历，都成为了她们的原罪，永远也洗刷不清，什么时候想起来，都可以在顷刻之间，苍老影摇千树冷，无奈风动满街悲。

# 第七章　八大胡同的惯性和余波荡漾

## 一　一个挥金如土的女人的卖血记

我认识她很早，在我读小学三四年级的时候。那时候，我的一个同学住在她住的那个大院里。后来，我的那个同学为了我的好朋友，我常常到他家，找他一起疯玩，就那么的认识了她。

说起来，认识她的那天很有些狼狈，是个暑假的中午，我和我的那个同学在院子玩一种叫做“逮台”的游戏。现在，北京的小孩不玩这种游戏了，这是只有住在大院里的孩子才玩的游戏，每个人的手里握有一块木头做的或圆或方的东西，每个人面前各放着一块同样木头做的东西，这东西就叫做“台”。这个“台”要发成第三音，为什么叫“台”，谁也说不清楚。每人要拿着自己手里的那块木头，弯腰平着出手，就像打水漂似的打前面的那块“台”，看谁打得远，就算赢。往往要打好几个回合，最后定胜负。玩这种游戏必须具备两点条件：一自己的木头得硬，才能够打得远；二是院子里得有地方，才能够玩得痛快。

那天的中午，我和同学玩得正痛快呢，她突然从她家里推门走了出来，掐着腰冲我们就喊："你们俩小兔崽子，滚别处玩去！大中午的，光听你们吵吵，吵蛤蟆坑了，还让不让人睡觉了！"如果仅仅是喊，还不至于印象那么深，她上面穿的什么，我忘记了，但她下身只穿着一条白白的三角裤，非常刺眼。大概是刚刚从床上跳下来吧？那种又薄又短的三角裤，紧紧地绷着她雪白的大腿根儿，让我的眼睛很受刺激。

从此，我就认识了她。那时候，她的年龄大概就是三十左右，个子很高，眉眼俊俏，皮肤白皙（特别刺激我的是那双腿），只是身材丰满，稍微有些胖了。现在，我想，年轻的时候，她一定不那样的胖，而会是亭亭玉立，袅袅婷婷的那种美人，就像是民国时月份牌上印着的那种时髦女郎。

我问我的这位同学：她是谁呀，这么厉害？

他眨眨眼睛，用一种异样的神情告诉我：她？外号叫"惹不起"。

同学的这种表情，她的这种外号，都让我格外好奇。

后来，我常常到这里来找我的同学玩，按照我妈的话说是每天快长在这里了。我总能够见到她，和院子的街坊们也熟悉了。我发现，除了"惹不起"，她还有好几个外号，比如"大摩登"就是其中一个。"惹不起"，说她厉害，浑不吝；"大摩登"，说她爱倒饬，爱臭美。我还发现，在许多人的眼睛里，她显得有些异类似的，人们在看她的眼光，说她的语气，都显得有些暧昧。慢慢的，我才知道，她以前在八大胡同里干过（也有说她在六国饭店里干过，虽然时间不长，毕竟干过。说她在八大胡同干过的，当然指她坐过青楼；说她在六国饭店干过的，指她做过舞女。无论是青楼，还是舞女，在人们心目中是一个意思，反正不是什么正经行当。对

于我，还是第一次听说，或者说第一次看到真人，以前都只是在小人书或电影里面。这种特殊的身份，让我对她特别好奇，总觉得她很神秘，也多少有些可怕的样子，像是《聊斋》里的狐魅。每次去那个院子，看到她的时候，不敢多看，却又忍不住往她的身上多看几眼。

关于她的经历，我从那些老街坊的嘴里，渐渐地听完整了。我到现在也很奇怪，那些老头老太太们，大门不出，二门不迈，怎么就上知天文，下知地理，把人家的事情怎么就弄得底儿掉，整得那么清楚？

新中国成立前夕，国民党的一个飞行员到舞厅跳舞时看中了她，花了大价钱，替她赎了身，和她结了婚，她便从八大胡同（或六国饭店）里走了出来，安安稳稳地过了几年的日子，先后生下了两个孩子，都是女的，老大叫阿珍，老二叫小青，长得都挺漂亮，像她们的妈妈，小小年纪就已经出落得亭亭玉立，眉眼之间不同凡响。阿珍和我们的年纪差不多大，有时会和我们在一起玩耍，言谈话语间，对她家的事情多了一层了解。刚解放没几年，飞行员犯了不知是什么样的案子，被警察给逮了进去，一判判了10年，发配到东北的兴凯湖劳改农场，一去杳无音讯。也就是说，这些年来，都只是她一个人带着两个孩子过日子，而她并没有工作，不知她是靠什么生存的。

我第一次认识她的时候，她的那个飞行员的丈夫，大概在兴凯湖劳改了有三四年的时间了。

关于她，我记得非常清楚的一件事情，是打槐花打出了事情。那是全国正闹自然灾害的那一年，我刚刚从小学升入初中。

槐花在老北京的街道或大院里常常可以见到，对于每年在夏天刚刚到来的时候就密麻麻开满一树树白色的槐花，我从来都并没有怎么在意。只知道槐花开放的时候，常常会从槐树上掉下来一种绿色的毛毛虫，我们管它叫"吊死鬼"，从树叶间拉着长丝吊在树枝下面，随风摇摆着，有时会突然掉到我们的头上、身上，黏糊糊地蠕动着，很吓人。在上学或放学路过它们的时候，我们便不住地从这棵树下跑到另一棵树的下面，像是要躲着坏蛋的机枪射击似的，哪里还会注意看一看它们上面的那些小白花呢？

我怎么也不会想到就是这样根本不起眼的小白花，有一天竟然可以卖钱养活一家人的性命，而且可以繁衍出那样悲欢离合的人生。

可以说，在此之前，尽管生活得艰辛，毕竟是在不谙世事的童年，日子单纯，还是无忧无虑的。正是这槐花撕开了以往被遮掩得平滑或者说是被缝补得阳光灿烂的一角，让我第一次看见了人生残酷乃至惨烈的另一面。我知道，我的童年和她的女儿阿珍的童年一样，由于槐花的意外出现而结束了。

那确实是一个饥饿的年代，尤其对于我们孩子来说，一见到吃的东西，眼睛就发亮，肚子里总是空空的，无底洞一样，吃多少东西也吃不饱。为了到黑市上买高价粮来填饱我们这些孩子的肚皮，许多家开始动用以往的积蓄，而穷人没有什么积蓄可花，只好想办法弄钱。就是从这样饥饿的原始感觉出发，不少人想到了以前根本不怎么在意的槐花，在那一年槐花盛开的时候不约而同地聚集在老槐树底下，拿着原来晾衣服的长长的竹竿，拿着以往盛放粮食的布口袋，眼巴巴地望着这些无辜的老树。那一连两三年每到五六月槐花开放的时候，在我们那一条长长的胡同里，都会见到这样拿着竹竿和口袋的大人和孩子，和雪似的槐花一起从树上纷纷掉下来的"吊死鬼"，再也吓不着孩子们了。他们可以把"吊死鬼"踩死，把打下来的槐花晾干，卖给药铺做药，每斤能够卖一角来钱。那时，同仁

堂药铺的制药车间就在我们的胡同中间，打槐花来卖的动议肯定就是来自那里的启发，也算是近水楼台先得月吧。

其实，那时许多人都打过槐花，我的妈妈就也曾经踩着小脚打过，但都没打出过什么故事，唯独她打出了麻烦。

有一天，在打槐花的大军中，忽然出现了她的身影，这让那些老街坊们有些吃惊。在人们的眼里，她一向都是好逸恶劳的主儿，在有的人那恶毒的嘴里，她除了上床陪男人睡觉，还会干什么？她是什么都不会干的主儿，却突然也举着大竹竿，跑到了槐树下面，和大家一起抢那些可怜巴巴的槐花来了。不用说，大概是飞行员留给她的老底，让她这些年变卖得差不多了。这几乎是众口一词的答案。（有人补充说：她是那样一个讲究吃喝打扮的女人，多少东西也架不住她坐吃山空呀。）

她是北京人，那时，她家有一个舅舅，在东城开一个做羊羹的小厂，我以前到他们院子里玩的时候，见过她家的那个舅舅，她家舅舅来看她们的时候，常给她家拿来许多那种用红小豆做的软而甜的羊羹，阿珍妈很大方，总会让她们姐妹分给我们这些孩子一起尝尝。我就是从她家那里第一次尝到了那种羊羹的味道。

可是，这时候，她家的舅舅来的次数越来越少，以至最后根本不来了，连个接济的唯一亲戚都没有了，要不她怎么会也落魄走到打槐花的队伍中来了呢？

如果仅仅是她一个人走进了打槐花的大军，人们也许还不至于那么的惊奇。真正让人们惊奇的是，有一天的清早，她会和我们那条街上一家山西人开的染料行的少掌柜，一起从她家那两间大南房里大摇大摆地出来了，一个人手里拿着竹竿，一个手里拿着口袋，她居然找到了这样一个同盟军，他们两人的身上居然也散发着和大家身上一样槐花的清香味儿。这让那些大人瞠目结舌，然后是吐沫啐地啧啧有声和连连的骂声。

说实话，在我们孩子的心目中，她好歹长得漂亮，而且她还让她的孩子给我们羊羹吃，虽然都知道她以前当过那样不好的职业，吃人嘴短，对她并不反感。但对于这个染料行的少掌柜，谁也不会看上眼的，别说全院的人都不怎么理他，就是他们家里的人都不待见他。这家伙，长得就猥琐，黑不溜秋的，嘴唇上还留着两撇小胡子，人又好吃懒做，三十郎当岁，也搞不上个正经的对象，整天吃他们家的那点儿老本，过着游手好闲的日子，像一只散了黄的臭鸡蛋。如果不是饿得真急了眼，说下大天来，他不会也加入到打槐花的队伍里去。谁想到，打槐花，把他和“大摩登”打得热乎起来，迅速地黏糊到了一起。

这真是王八看绿豆对上眼儿了，整个一个臭鱼找烂虾。这是当时人们几乎所有的人都这样说的话。当然，也有人感叹地说是一朵鲜花插在牛粪上了，但也有人恶毒地说是熬不住了，她家的飞行员那么多年不在家，一张大床，空了半截，×痒痒得难受了。

他们俩不管那一套，你们爱说什么说什么，我行我素，旁若无人一般，很快就双飞双宿，出双入对，染料行的少掌柜俨然成了这家的新主人，姐姐阿珍大了，他不敢惹，有时把妹妹小青堵在门口，非逼着她管他叫爸爸。

这一年槐花落尽槐树豆落尽之后、槐树叶子也开始飘落的时候，她居然渐渐地显山显水地挺起了大肚子。

这让大院里很多人看不惯，气不忿，是可忍，孰不可忍。有好事者向派出所进行了汇报，警察也来到她家，最后不了了之，毕竟是民不举官不

究的事，谁也没有办法让她挺起的大肚子再缩回去。

第二年槐花将开未开的时候，孩子落生了，又多一张吃饭的嘴。大院的人们议论纷纷，但除了我爸爸在吃饭的时候悄悄地跟我妈说了句："也不容易，她要养活三个孩子呀！"（后来被我和弟弟一通批判，说他这种同情没有立场，多年以后，我看余华的小说《活着》的时候，忽然想起了父亲的话，才掂量出活着的意义，对于在艰难中的普通百姓来说，活着实在并不是一件容易的事情），大多数人对他们两人嗤之以鼻，施以白眼。而他们根本没有把大家放在眼里，照样该干什么就干什么，该怎么干就怎么干，该生孩子就把个孩子准时准点地麻利儿地生了下来。对于人们的这些白眼和冷嘲热讽，我始终不知道当时他们到底是怎么想的，但我知道他们没有料到他们这样做，为他们以后的命运埋下了祸根。

生下来的还是个女孩子，一岁的时候，可以看出眉眼来了：长得黑些，像染料行的少掌柜；模样却还是像她妈一样俊俏，取名叫小鸥，是一个比她的姐姐阿珍和妹妹小青都洋气的一个的名字。由于长得黑，后来院子里其他孩子们给她起了"拉非克"的外号，这是那时从广播里听相声里说的非洲一个孩子的名字。

槐花再一次开的时候，小鸥能够满地跑了，跟着他们两个大人的屁股后面一起去打槐花。他们要接着打槐花，这是夏天他们唯一能够挣到钱的机会。打槐花打得她原本那一身细皮嫩肉渐渐地黑了起来，渐渐地向染料行的少掌柜靠拢了。

在冬天，他们逮过土鳖虫子，也是卖给同仁堂药铺当药材，每一只可以卖 2 分钱，架不住逮得多，2 分钱、2 分钱，加起来，也能够积少成多，能够管上挺到的用那时场（那时候一斤棒子面才 8 分钱）。别的时候，他

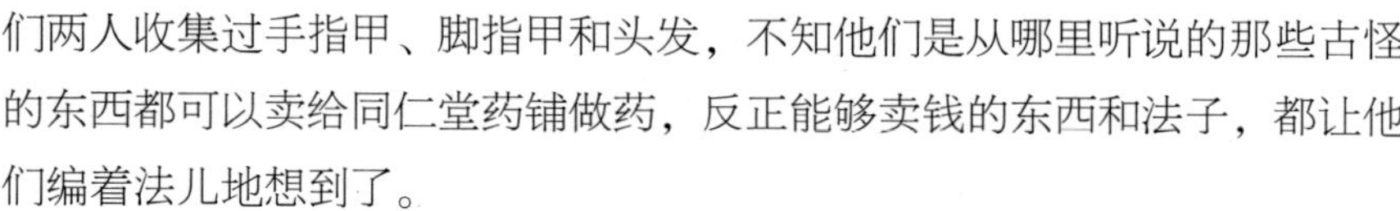

们两人收集过手指甲、脚指甲和头发，不知他们是从哪里听说的那些古怪的东西都可以卖给同仁堂药铺做药，反正能够卖钱的东西和法子，都让他们编着法儿地想到了。

实在没有别的法子了，他们还卖过血。奇怪的是，每次去医院卖血出门之前，她都要打扮得很漂亮，脸上扑上粉，嘴上涂上淡淡的口红，还特意穿上高跟皮鞋和玻璃丝袜子，以及那时很少见到的旗袍。那样子不像是去卖血，倒像是去赴宴。

那时，她也就三十多岁的样子，绝到不了四十，应该说是徐娘未老，风韵犹存，再这样一打扮，还是很爽人眼目的。不少人在人家身后议论，她倒饬得这么俊俏，出去干吗？人们不认为她是出去卖血，而是出去卖身，重操旧业，干她原来的活儿，她是轻车熟路。那玩意儿，来钱多快呀，一趟的活儿，一树的槐花都赶不上呢。更有恶毒的说是三十如狼，四十如虎，这种年龄，以前又是干过那种营生的，能闲得住？

我知道，她确实是出去卖血，而不是像别人说的那样龌龊。我是听我的那个同学亲口告诉我的，是她的女儿阿珍亲口对他说的，他告诉我她和阿珍真可怜，因为卖血过多，她晕倒在医院里，是人家医院让家里去领人，阿珍去把她妈妈接回来的。她哭着求她妈别去卖血了，她骂了阿珍，说不卖血，一家子吃什么？喝西北风去呀？于是，接着去医院卖血，这家医院认识她了，不能够再从她的胳膊上抽血了，她就去另一家医院。那一阵子，我的那个同学和阿珍关系不错，阿珍常常找他说说心里的话，我自然是相信他说的话，觉得那些大人说的只是猜测。我只是弄不明白，大人们为什么那样恶意地编排人家？难道人家曾经失足落过水，一辈子就都得湿淋淋的，永远也干净不了了吗？刚刚解放的时候，把烟花女子都搭救上

岸的时候，不是说她们和其他的姐妹一样，都是受压迫的受苦的人吗？

我一直都这样的认为，也许是因为她在解放前干过那营生，养成了描眉打鬓爱打扮的习惯，只要一出门必要倒饬得油光水滑，穿上大院里一般人家少见的旗袍和高跟鞋，风摆柳枝一样，袅袅婷婷的，显得有些风骚四溢（其实，后来我明白了，她这样刻意打扮开始是为骗几个孩子，说是找朋友办事找钱）。这让好多人看不惯，看着妒忌，甚至眼馋吧？人心是最容易翻手为云覆手为雨的。

为了养活数目已经增加到了3个的孩子，这是她不得已的法子。现在想她原来那样讲吃讲穿的人，能够做到这一步，真如父亲说的是不容易的。艰苦的日子，磨去了原来浮华镀上的漆皮，露出了生活的原色，便也让她学会在艰辛之中怎样才能够带领一家人活着并活好，怎样才能够让他们忘记昔日的万千宠爱而面对现实的众叛亲离。那时，她的女儿为了入团和她划清界限而批判她，唯一的舅舅因为瞅不上眼那个染料行的少掌柜而和她也彻底断了来往，染料行的少掌柜被家人不认而赶出家门……以及出入大院街坊们那些冷眼白眼或更加暧昧的眼神，让她毫无尊严的日复一日地度日。

我始终弄不清楚，那时候，她是怎么想的，她会不会想起以前那些浮华的日子，依此对比而觉得还不如那样的日子呢。或者，她会不会想起和飞行员在一起的那暂短却还相对安定而幸福的日子，而倍感伤心，埋怨人生的无常，将恼怒一并抛向孩子和染料行的少掌柜的。我猜想，她那样一个火爆性子的人，会忍不住作出这一切来的。否则，她该怎么忍受这样的遭遇？她不是一个在苦日子磨砺下勤俭持家的小媳妇，在以往花事繁盛的日子里，她曾经是一个风情万种的女人，是一个挥金如土的女人。

## 二　想看到的热闹暂时没有看到

这一年槐花落尽，槐树结出长长豆荚的时候，我记得很清楚，已经是秋天了，那时候刚刚开学，我升入初三。我的那个同学带着阿珍找到我，让我陪他们一起出去转转。我不知道发生了什么事情，那天，我们一起沿着崇文门内大街，一直走到东单体育场，又一直走到东四的隆福寺。记得我们往回走的路上，我看他们两人似乎还没有回家的意思，便又一起到东长安街上的儿童电影院，看了一场《红菱艳》的电影。我们走回家时都已经快半夜了，我还挨了爸爸的一顿骂。

事后，我才知道，那一天，阿珍的爸爸从兴凯湖回来了。按日子算，他应该再在那里待上两年，因为表现好，提前释放的。我后来见过他，毕竟当过飞行员，高高大大的样子，比猥琐的染料行的少掌柜长得强多了，也强壮得多，心先不由自主地偏向在他这一边。那一天，他们全大院的同情心，和我一样也都向他这一边倾斜。那一天，自从他走进了大院的门，在他家的门口第一眼见到黑黑的小鸥，愣愣地站在那里，和小鸥默默地对视着开始，大院里一下子就比往常静了许多，气氛紧张得像有个炸药包放在院子里，随时都可能炸响。而所有人的目光像是聚光灯似的，都聚集到她家里了。我也才明白了，那天，我的那个同学为什么带着阿珍来找我，让我陪着他们在外面转悠了半宿。阿珍是害怕出事的呀，才躲到了外面，不敢回家。记得当时我埋怨我的那个同学，你既然知道是阿珍的爸爸突然回来了，为什么不早点告诉我呢？我们可以一起更好地安慰一下阿珍嘛。

据说，那一天，孩子要出门玩，大人们都不让出去。许多人都在提心

吊胆，许多人也都在幸灾乐祸，等着看热闹。直到那一天很晚了，各家都吃完饭了，染料行的少掌柜也没来，而阿珍的爸爸早已经亲手做好了一桌子菜，并备好了酒，等着和他进行最后的谈判。全大院的人们都屏住呼吸，好像约好了似的，谁也不睡觉，仿佛在看格外吸引人的跌宕起伏的大戏一样，专门等着这最后谈判的结局。可是，主角之一的染料行的少掌柜，缩头乌龟一样躲到了他爸爸的家里，就是始终不出场。

后来，还是她气哼哼地出了门，跑到染料行的少掌柜的爸爸家门口，先是好说歹说，后是破口大骂，最后把他跟拽死狗似的拽了出来。大院里的人们从各家的窗户里看到染料行的少掌柜耷拉着脑袋，灰溜溜地跟着她的屁股后面走进那两间南房里的时候，有人担心着，有人责骂着，有人叹气着，有人兴奋着，有人甚至摩拳擦掌着。

我到现在也不知道面对同一个女人，两个男人是怎么谈判的。但不少人所期盼的砸碎酒杯、踢倒饭桌，抽响耳光，最后闹得人仰马翻、最好是红刀子进去白刀子出来的场面，并没有出现。她家始终很平静，只是灯亮了一宿。

虽然，那时我还小，但以我初三的年龄来分析，也觉得阿珍的爸爸突然出现，对于她家里的任何一个人来说，是一道比我们那时正学的三角函数还要难解的难题。这道难题，最后是以阿珍的爸爸突然间工伤致死而提前结束。意外得很，也简单得很，像是从响晴薄日的天空中落下来的一滴雨滴，地皮还没有湿一点儿呢，人们还没有醒过味儿来呢，雨滴已经蒸发没了，没得那样干净利索和彻底。一个大活人就那样说没就没了。

阿珍的爸爸回来后被分配到一家工厂当工人，没有干多久，一天，在机床前干着活，被机器莫名其妙地就卷了进去，送进医院，失血过多，没有抢救过来。连飞机都开过、都修过的主儿，对普通的机床应该不难对付，却偏在小河沟里翻船。所有知道他们事情的人听到这个消息，都很吃惊，谁也不敢相信，就连那些憋着看热闹的人都叹了一口气。我父亲那时也叹了一口气，说阿珍的爸爸肯定是干活走了神。这一回，我没有反驳他，我不得不同意他的话。生命有时就是这样在冥冥之中充满着阴差阳错。

那一天的晚上，很晚了，我的那个同学一脸汗珠子流淌的急匆匆来我家找我，我问他出了什么事情，他拉我出来再说。走出到大街上，他告诉我，出事了，阿珍找不着了，她妈妈和她妹妹正着急四处找她呢。

我赶紧和他一起找阿珍。我们先去了阿珍的几个好朋友的家，没有，又沿着那天走过的路，从崇文门一直走到东单体育场，又一直走到东四的隆福寺，还是没有。我安慰着我的那个同学，不会出事的，阿珍平常挺坚强的。我的那个同学泪眼汪汪地望着我说，不会出事，不会出事，可人在哪儿呢？

我们走回来的时候，在我们的胡同口的一个卖芸豆饼的小摊上看见了她。那种芸豆饼，是把煮得很烂很热的芸豆，撒上一点儿盐和五香佐料，然后放进一张豆包布里，用手或者用擀面棍压平，就那么很简单的吃法，是我们那时候都爱吃的一种东西。阿珍坐在小摊旁的一个小马扎上，她就那么坐着，不吃芸豆饼，也不说活。卖芸豆饼的老头看见我们过来招呼阿珍，赶紧冲我们说：这个姑娘是怎么着了呀？问她什么她都不说话，就一直在这儿这么傻坐着。你们快把她领走吧，可不要出什么事呀！

我们把她叫了起来，她跟着我们回家，一路上，她也不说话，我们想说点儿什么安慰安慰她，却是谁也没有了词儿。不过，借着昏暗的路灯洒

下的灯光，望着她的眼睛，她好像没有哭过，那眼睛里，只有我们那时的年龄里无法那个理解的一种东西，我现在想，大概是父亲突然死后的一种无助的孤独吧？因为在此之前，她毕竟还有父亲，父亲的归来，起码可以有一点儿改变眼下生活的可能性。现在，一切都没有了，一切又都回到了原来的日子里去了。一个那样身份的妈妈，偏偏又多了一个染料行少掌柜的继父，谁能够理解一个只有十五岁的孩子的心呢？其实，现在想想，那时，我也不理解，我在芸豆摊上见到她的时候，她是经过了生与死的残酷的折磨了呀，她像涉过了一道惊涛骇浪的大河，才又走回到岸上的了呀。

事后好几天，我听我的那个同学告诉我，那天晚上回到家，阿珍的妈妈大骂她：你干吗去了？你想找你爸爸去呀？我告诉你，轮到谁死，也且轮不到你呢！

就在那天，阿珍重新回到家，染料行的少掌柜也又搬了回去，日子又开始了新的循环。他们自己的小女孩小鸥一天天在长大，黑中透着俏丽，越长越漂亮，越长越像她妈。该看到的热闹都已经看到了，没出现的热闹始终没出现，大院里人们的好奇心、正义感以及窥测欲，像次数越续越多的茶水，一天天随之变淡。

当然，如果就这样下去了，虽说日子平淡无奇、琐碎而庸常，但她一家起码可以平平安安。

## 三　夏雨中年轻红卫兵嘴里吐出显灵的八大胡同

三年过后夏天到来的时候，“文化大革命”来临了。我们谁也没有想到，我们谁也都高举起了毛主席的小红语录本，我们谁也都料到了，他们

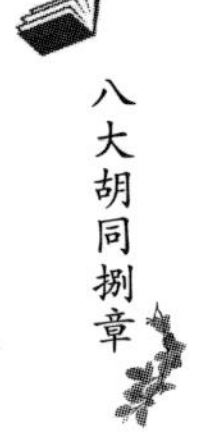



大院里首先倒霉的肯定是阿珍妈“惹不起”、“大摩登”和染料行的少掌柜。

那一天到来的时候，现在想起来还让我感到几分恐怖。那时候，我已经上高三了，应该说是一个成年人了，我可以有我的发言，表示出我的反对，我的支持，哪怕起码是我的一点点微弱的态度。但是，再次见到阿珍的妈妈的时候，我就是那样呆若木鸡地呆在那里，竟然不敢和她说一句话。

那一天，我见到她的时候，是在我们的胡同口。她剃着阴阳头，胸前挂着一块写着“大破鞋”的牌子，还有一串被踩扁踩破了的高跟鞋。我站在那里，有些发愣，一时不知该怎样对她说话。她望见了我，只是那么匆匆的一瞥，很快就低下头，接着扫她的马路。她那受惊似的匆匆一瞥，给我的印象很深。当时，我想，她一定认为我已经知道了前几天那一幕的情景，而有些难言的羞愧或无言的难堪。

那一幕的情景，确实很快就被添油加醋地传遍了我们整条胡同，用不着我的那个同学对我讲，我已经知道了。

那天下着雨，雨很大。男男女女一群红卫兵像是被捅了蜂窝的马蜂一样冲进他们大院（我的那个同学知道是大院里的谁给红卫兵报的信），一头先扎进阿珍家，不容分说，推推搡搡地把阿珍的妈妈和染料行的少掌柜一起揪了出来，然后把早就准备好的两块牌子挂在他们两人的脖子上，一块写着“大破鞋”，一块写着“老流氓”，墨迹未干，加上雨水一淋，墨汁顺着牌子直滴答，滴答在他们的身上。紧接着，他们一把把他们两人跟跟跄跄地推到院子中央，鞭子一样的雨水抽打着他们，很快就把他们的衣服淋透了。

很快，他们又都被剪成了阴阳头，脸浮肿着，黄黄的，没有一点血色，特别是原来阿珍的妈妈那样漂亮的一个大美人，一下就跟魔术里鸡变鸭一样变了完全另外一个模样，变得得如此丑陋不堪，惨不忍睹。

大院正中央有一排坐南朝北的正房，高高的台阶上面，宽敞的廊檐底下，是一个挺轩豁的平台，无形中成了批斗会的主席台。那帮红卫兵站在那上面，叉着腰，挥动着皮带，凶神恶煞地吆喝着。就听其中的一个红卫兵冲着染料行的少掌柜先喊道："你先上来！"少掌柜哆哆嗦嗦地走到台阶上面，那个红卫兵指着阿珍妈冲他接着喊道："你先让她在雨里淋淋，让她清醒清醒想自己的问题！说说她到底和多少男人睡过觉？你给她数着数，数到一百，让她上来，你下去反省。听见没有？"

少掌柜只好开始数数。没数几下，红卫兵怒喝道打断了他："你数那么快干什么？是不是心疼她了，想赶紧数到一百，好让她赶紧上来别挨雨淋？不行，重数！"

"重数！"其他红卫兵大声地应和着，向他挥舞着皮带。

少掌柜的只好重数，没数多少，又被另一个红卫兵怒喝道打断："怎么回事？数这么慢干什么？你是不是自己不想下去，故意拖延时间怎么着？"

弄得他不知如何是好，被红卫兵一脚踢下台阶。

红卫兵竟然会想出这样的批斗方法，一代年轻人的聪明才智和想象力，就这样膨胀和滥用。

忽然，有的红卫兵还在大声地呵斥染料行的少掌柜的："你老实交代，解放以前你到八大胡同是怎么认识她的？是不是那时候就开始贼心不死蠢蠢欲动了？"然后又呵斥阿珍的妈妈："你说，在八大胡同时候见过他没有？你们那时候就干过那种勾当没有？”

他们没说话，当她从这些毛孩子的嘴里听到早已经陈旧的八大胡同的时候，心里会怎么想？会想到吗？连她自己都忘记的八大胡同，应该成为历史的八大胡同，会突然有一天死灰复燃，像僵尸复活一样，像蹲仓的黑熊一样，张牙舞爪的重新扑到自己的面前，再一次咬噬已经痊愈的旧伤疤吗？让它重新淌血，让它再次低头，让它成为一笔永远也还不清的夙债，并没有因为时间的久远而变得模糊，而是因为时间的久远而特意加上了需要额外偿还的利息。她做梦也没有想到，历史如此刁难自己，八大胡同竟然惯性地走到了现在，影子一样紧紧跟随着自己，并没有将过去一笔勾销，而是让红卫兵挟持着过去，多了火力猛烈的致命的炸弹一样，向她张牙舞爪狠命地扑来。

我后来猜想，对于这些年轻的红卫兵，他们怎么会知道八大胡同？那时候，我和同学常常要到新中国电影院去看电影，新中国电影院就在八大胡同之一的小李纱帽胡同南口，我们不知去过多少次，看完电影之后，也曾经到附近转悠，那几条胡同差不多都去过，却从来不知道那里就是八大胡同。那时的老人们也从来没有特别提醒地告诉我们那里就是八大胡同。但是，现在，“文化大革命”来了，八大胡同又显灵了似的，那些老人们，忽然又想起了它们。一定是大院里有大人爆料一般告诉了这些少不更事的红卫兵，怂恿了他们，才会将遥远的八大胡同请到了现实中来，不是为了作为老照片来怀旧，而是作为磨盘一样压迫她于死命不可。

就在这时候，看他们两人都紧闭着嘴一句话也不说，有一个红卫兵，还是一个女的，瘦瘦的小个子，忽然跳将出来，从同伴手中一把夺过一根皮带，而后扔给阿珍妈和少掌柜一人一根皮带，冲他们喊道：“你们互相

打，打打对你们有好处，疼了，才能够触及灵魂，知道问题的严重性！”

皮带落在他们两人的面前的地上，雨水迸溅在上面，他们望着皮带，谁也没动手。

红卫兵们为这个女红卫兵这个出其不意的主意兴奋着，更加撕破了喉咙大声地吆喝着，呵斥着，催促着，破口大骂着。只好弯腰捡起了皮带，挥动起了皮带。开始，他们只是轻轻地打，被红卫兵愤怒地呵斥着；后来，他们竟然互相都真的使起了劲，一声声有力地抽打着对方，但本能还只是抽打在对方的身上，而避开了脸。皮带还有这样的功能，它可以成为一种折磨人的凶器，一种发泄的怪物，那不停起落抖动的皮带，简直像是凶恶的蟒蛇一样在人的身上肆无忌惮地咬噬着。以前，只是在小说或电影里看到地主或者像《红色娘子军》里的老四之类的坏蛋才用皮带抽打人，现在却是一帮稚气未脱的年轻人挥舞起了皮带，而且还可以是自己的家人六亲不认相互用皮带来抽打在彼此的身上。

我听我的那个同学说到最后的情景，我真的惊呆了。简直让我无法相信人世间居然还能出现这样的一幕惨剧，而人性中居然掩藏至深这样一层兽性的污浊和腥秽。

在皮带抽打的过程中，他们都急红了眼，像是咬急的疯狗一样，互相对骂起来，什么难听就拣什么骂，皮带抡圆了，越打越凶，而且是用带铜扣的皮带头打，不仅只是抽打在身上，开始往脸上抽打，发泄着不知从哪里来的一股狠劲和邪劲，由于皮带是粘着雨水，抽打在身上脸上，就格外疼，他们似乎根本没有任何察觉和感觉，一任血从他们的脸上身上流了出来，和着雨水一起洇红……

更让人不堪卒睹的是阿珍和妹妹小青，手里领着才四五岁的小鸥，也被逼着出来站在他们家的屋檐底下看着这惊心动魄的一幕。高矮不一的三个女孩子，阶梯式地站在那里，眼睛望着她们自己的亲人，尤其是小鸥的眼睛像是受惊的小鸟的眼睛一样，惊恐万分地望着她的爸爸和妈妈，一声不敢吭，也不敢哭，浑身不住地发抖。还能够有比这更毫无人性的残酷场面吗？就是日本鬼子和德国法西斯的凶残，又能够怎么样呢？况且他们面对是自己的同胞，而且是完全无辜而弱小的孩子。

许多年过去了，只要我想起那一幕，心里都会忍不住战栗。雨水中的互相挥舞的皮带，急红了的眼，变形的脸，血和雨的交流，以及四周狰狞的吼叫、快意的观看和麻木不仁的静穆，以及小鸥那小鸟一样惊恐纷乱的眼睛……人性还有这样的扭曲吗？尊严还有这样的践踏吗？心灵还有这样的无奈吗？那么多大院的街坊们一起噤若寒蝉站在一旁的屋檐下，听着皮带抽打着的声音和自己的怦怦心跳，以及哗哗的雨水在脚下流淌，大家是否还记得起来呢？

第二天，走出大院，看见胡同两旁的槐树下面槐花落了一地，被雨水打湿，萎顿得和弱小的人没什么差别。看到这样的情景，人们会想到什么呢？时过境迁之后，有的时候，我会忍不住想起阿珍妈和少掌柜，曾幼稚地心想要是没有打槐花能有他们后来的悲剧吗？其实，那只是我太幼稚的想法而已，即使没有阿珍妈和少掌柜打槐花打在一起，她和提前出狱的阿珍爸生活在一起，一个解放前的舞女或烟花女子，一个劳改的释放犯，又怎么能够逃过这一劫难？她就像跳入了一个命运安排好的怪圈，跳出一个，却又落入另一个，本以为可以安安稳稳的了，却没有想到还有一个“文化大革命”等着她呢！

在整个“文化大革命”中，他们那个大院里命运最惨的是她，她甚

至遭受到比染料行的少掌柜还要惨无人道的折磨甚至毒打。不知为什么人们把愤恨都集中在她这样一个女人的身上，哪怕有时可以放过染料行的少掌柜，也绝对不能放过她。人们对于一个女人的漂亮，特别是这个女人又曾经有过男女关系的绯闻，并且还有做过舞女或烟花女子的经历，便有一种天然的敌视和愤怒。在那个年代里，还有比男女关系更为十恶不赦的吗？压抑着的性欲，就这样发泄在政治运动中，发泄在疯狂的年代里的疯狂兽性中。我还真是从来没有见过人的骨子里竟然潜藏着如此深切的对美的仇视和敌对，人的兽性发作起来，真是比野兽还要可怕。

后来，我想起她，曾经也想起过赛金花和小凤仙，如果说那个时代因赛金花和小凤仙的特殊经历而使得政治情色化，那么，如她一样一个普通的烟花女子，她只是为了生存而被迫走了这样的一条路而已，从来没有和政治有过任何的瓜葛，但是，政治不还是没有放过她吗？政治情色化，不一样惯性地重复出现在她的身上了吗？或者，更准确地说，应该叫做是情色政治化，是因为她曾经有的情色经历，而导致她在“文化大革命”中悲惨的遭遇，把她的情色问题一下子提升为了政治问题。历史，可以把她们这样的人，从红颜变成为一代传奇的英雄，也可以让红颜还原为以往固有的祸水，在情色与政治这样两点甚至可以说是两极之间，通道竟然可以畅通得是这样的便捷而直接。

在好长一段时间里，他们两人劳动改造，是被责成打扫我们的那条胡同。那条胡同从东到西一共有三里长，剃着阴阳头，又挂着写有“老流氓”和“大破鞋”的牌子，他们每天在这样长的胡同里扫几个来回，众目睽睽之下的日子，不要说别的，就是一路上散落在他们身上的那鄙夷的眼光，就让人受不了。每一次在胡同里，我见到他们两人的时候，都躲得远远的，不敢和他们打照面。但也有的孩子特意要跑过去，向他们扔一块石子，吐一口痰，或者骂一句，故意羞辱他们。

有一天，是她一个人正扫着马路，她胸前的那块牌子，就像是那个时代可以通向随便践踏的路标一样，被风一样突然而来的一帮红卫兵围在一起，二话不说，上来就是用木棒和皮带一通毒打，一直到把她打得躺倒在地昏了过去，那帮男男女女红卫兵才扬长而去。路过的行人没有一个敢上前管一管的，就任她那样死狗一样躺在大街上。后来，是染料行的少掌柜发现了躺在血泊里的她，一个人弄不动她，跑回家叫上了阿珍，两个人一起才把她抬回家。

那一幕，我没有亲眼看到，但是，消息很快就传遍了我们的那条胡同。我发现，传这个消息的那些人，心态是不一样的，支持红卫兵的，同情他们俩人的，都有，并不像后来粉碎“四人帮”之后人们对于他们两人一律的态度，好像大家都早有先见之明一样。

下面这一幕，是我的那个同学对我说起，他是不是从阿珍那里知道的，我没有问，他也没有说，我们只有面面相觑，无言以对。那天，阿珍和少掌柜的一起把她抬回家，怎么叫都叫不醒她，可把阿珍吓坏了，对染料行的少掌柜说赶紧送医院吧，但染料行的少掌柜说送医院哪个医生敢给咱们牛鬼蛇神看这伤呀！阿珍什么话也说不出来了，他们两人只好帮她脱掉衣服，用温水洗去她身上的血，再往她身上涂家里藏有的云南白药，才算让她死里逃生。不过，据说，脱衣服时可费了劲，因为血肉模糊，和衣服都粘在一起了。

## 四　孤零零地死在异乡偏僻的农村里

“文化大革命”后期，我和我的那个同学分别去了北大荒和山西插队，都先后离开了那条胡同，天各一方。一眨眼的工夫，梦魇般的“文化大革命”过去了，然后是又一个十年的光阴也没有了。一个人能够有几个十年可过呢？岁月就像中断了一样，让人常常会拥有一种恍若隔世的感觉，彼此的联系，也不像小时候那样多了。

大概是上世纪70年代的中期，我做梦也没有想到，有一天，阿珍妈竟然坐在我家里等着我。那时，我刚刚从北大荒插队回来，在北京一所中学里教书，下班回家，一眼瞅见她坐在我家的桌旁。由于正是黄昏，她坐在阴影里，我第一眼差点儿没认出来她，但第二眼我还是认出了她，虽然，十多年没有见到她了，日子在那一瞬间迅速地缩短，往事的一幕幕立刻浮现在眼前。不过，她整个人像是缩小了一圈，变得很瘦弱，很苍老。能不苍老吗？谁赶上她那样的命运，不死也得扒张皮，活过来就不容易了。想起她原来那婀娜俏丽的样子，电影里的叠印镜头一样，和眼前重叠着，心里总不是滋味。

我相信人都是有感情，尤其处于最卑微的时候，心格外敏感。我知道，那个时候，我和我的那个同学虽然没有做什么，对她却是同情的。她是知道的，她这次是专门来看望我和我的那个同学的。

我大概知道了她这些年的命运，阿珍早早嫁给了一个大她好多岁但根正苗红的工人，才没有去插队，留在北京一家街道工厂当工人。去农村插队不久，他们两口子被扫地出门，赶回到染料行的少掌柜的老家，在山西的农村，村里的乡亲对落难的人还不错，给他们盖了房，又给了他们一块地。小青和他们两人生的孩子小鸥一直跟着他们，种地，养猪，倒也自给自足，怎么苦，怎么累，总可以不再挨打挨斗了，好歹活了下来，熬到了“四人帮”被粉碎，也算是老天长眼。

说起这一切的时候，她先是苦笑，后是摇头，没有叹气，也没有发泄，一直都是很平静，仿佛在叙说根本不是她自己而是另外一个人的事情，而提起那个大雨中挨皮带抽打的事情，她只是对我挥了挥手，什么也没说。这让我很奇怪，也替她不平。临走的时候，站在我家的门帘前，她回过头对我说：好几次真是想不活了，可还是活了下来。她说活着不容易，想死也不容易呀！说得我的鼻子一酸，眼泪差点没掉出来。

她又对我说，来一趟不容易了（她的唯一亲人舅舅去世了，她是专门赶回来奔丧的），想顺便也去看看老街坊们。我当时心想，老街坊？老街坊中有落井下石的，有幸灾乐祸的，有现在占了她原来那两间大南房的，还有什么看头？可她还是一家一家走着，在我们那几个已经盖起很多小房和偏厦变得越来越拥挤的大院里，看遍了还住在那里的所有的街坊们。

我真的不知道她的心里藏着的是一种什么样的情感。她真的不记仇吗？真的忘记了曾经那样屈辱过的日子了吗？我陪着她一家一家走过了之后，站在那条她曾经无数次扫过的街道上，还是忍不住地问了她我的这个问题。她笑笑对我说：我现在信佛了。便没有再说别的。

在我写这本书写到这里的时候，我忽然想起了前面曾经写到过的，八大胡同里石头胡同里的准提庵，和百顺胡同里的正觉寺。那个年代里的烟花女子没有出路才无奈地皈依佛门，依托着那里的寺庙，排遣着这一丝无

奈的愁绪，寄托着残存的一点儿希望。如今，她竟然重走过去姐妹的老路。

那是我最后一次见到她。算一算，那一年，她也就50多岁，却已经像是一个老太太了。走在我们这条胡同里，飞快长大的年轻一代看到她，谁能想象得出来这是一个过去时代袅袅婷婷的摩登美人呢?

四年前的夏天，我已经躺下睡着了，电话铃响了起来，我的那个同学突然给我打来电话，告诉我：阿珍妈去世了，死在山西雁北地区农村小青的家中。他还告诉我，他前些日子在前门大街上碰巧见到了阿珍，听她讲起了她母亲的晚年命运多舛，真是令人唏嘘。

她的妹妹小青嫁给了村里的生产队长，凭着她长得漂亮的模样，这是她当时最好的出路了。她本来可以和姐姐阿珍一样在城里生活的，但她那么小就跟着妈妈到了农村，城里已经没有她的立脚之地，她无法再走回头路了。有了生产队长做靠山，妈妈在村里的日子也好过点儿，没有人敢欺负她了。阿珍妈和少掌柜生的女儿小鸥，得了肝病，农村天远地远的，治疗得不及时，还没有来得及结婚，竟然过早地死掉了。她妈老了以后身体越来越差，得了病，没什么钱去医院，都是少掌柜的给她扎针灸。他在农村里学会了针灸，小病，针灸还能够对付，大病，针灸根本不管用，可他还是用针灸，顽固地以为针灸无所不能，其实，也是没钱，有什么办法呢?频繁地扎针灸，扎得她最后害怕得很，一见他拿着针向她走来，浑身就哆嗦，见到他像是见到了魔鬼，以致后来精神受到了刺激患上了病，不能够再见到他，只要一见到他病就发作，浑身像是通了电似的战栗不已。

阿珍曾经把她接到北京自己的家里住过一段时间，但她妈根本住不下去，倒不是因为家里住房小，住得憋屈，而是因为那里离她原来的家很近，过去便一下子也离得很近了似的，噩梦让她更受折磨。说来也奇怪，以前，她性情暴烈，却对于沧桑世事一直很开脱，敢爱敢恨，敢说敢骂，有什么天大的事情，水过地皮干，也不往深处想，心也清静。刚犯病的时候，得了健忘症一样，什么事情都忘记了，跟她提什么，她都摇头。可这时倒好，过去的事情都记了起来，特别是到了晚上，只要躺在床上，一关了灯，什么事情都从眼前黑黝黝的夜色中真真切切的跑了出来，折腾得她一宿一宿睡不着觉。

最后，小青只好来北京把她接到自己的家来，幸好那个生产队长还不错，帮助小青一起料理，让她多活了两年。在生命的最后时刻，她的心里什么都明白，却突然说不出一句话来了。她就那样躺在床上整天望着窗外的天和田地发呆，想说什么，只能挥动着枯瘦的手臂，张大了嘴，空空地吞咽着空气。她到底是想要对人们说些什么，谁也不知道。临终之际，她连少掌柜都没让到她的身边来，就那样孤零零地死去了，异常痛苦地离开了这个对于她并不公平的世界。

她活了 70 多岁，美丽过，丑陋过；风光过，屈辱过；纸醉金迷过，痛不欲生过；五谷不分、四体不勤，坐享其成过，也背朝青天、脸朝黄土，辛勤劳作过。一个人的一辈子，就这样过去了，真的是人生如梦。她死了，没有什么人知道，就连原来那个大院里的街坊们大多也不知道。即使知道了，又能够怎么样呢？会有人为她特意写悼词吗？为她专程而奔丧吗？不会，没有人知道她这样一个曾经是八大胡同、六国饭店里烟花女子，一个新社会的新生女子，一个“文化大革命”中脖子上挂着牌子和高跟鞋的牛鬼蛇神，一个普通得连一个城里人都不是而最后只是一个农民的老女人，一个最后连一句表白或表达的话都无法讲出的哑女人，在一个

夏天刚刚到来的时候死去了。

她已经死去很长时间了，写这本书的时候，我再一次想起了她，同时想起大院里那些曾经嫉妒她，恼怒她、乃至加害于她的人们，也想起在那场夏雨中她和她的男人相互用皮带抽打的一幕。

我不知道，她在九泉之下能不能够安息！

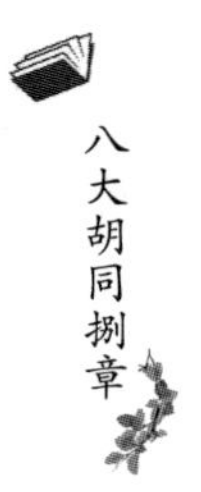


# 第八章　八大胡同的最新地图

到底哪八条胡同属于八大胡同，各有各的八大胡同之说。清末民初有一首流传甚广的歌谣：八大胡同自古名，陕西百顺石头城，韩家潭畔弦歌杂，王广斜街灯火明，万佛寺前车輻辏，二条营外路纵横，貂裘豪客知多少，簇簇胭脂坡上行。

这首歌谣里说的二条营，指的是大小外廊营，也有说指东西皮条营的；万佛寺（现万福巷）这条小胡同则东通石头胡同，西通陕西巷，别看胡同短，藏着好几家门脸相当不错的妓院，即使现在去，仅从那漂亮的女儿墙，就依然可以看到抹不去的昔日风光，所以把它包括在八大胡同里，也是自有其道理的。

按照这首流传甚广的歌谣说的，八大胡同应该是：陕西巷、百顺胡同、石头胡同、韩家潭、王广福斜街、万佛寺、大外廊营和小外廊营（或东皮条营、西皮条营）。

不过，按照一般约定俗成的说法，八大胡同一般指的是：陕西巷、百顺胡同、石头胡同、韩家潭、王广福斜街（现棕树斜街）、胭脂巷、小李纱帽胡同（现小力胡同）和皮条营（现东壁营、西壁营）。当然，还有不

同的版本，比如将皮条营换成青风巷，胭脂巷换作朱茅胡同，或换成其他。按照张清常教授的说法，其实都是“舞文弄墨的清客造出的声势，有了八大胡同、八大埠的说法。闹得从清末到现在百余年来，多少人在查询，在计算着哪八条街巷胡同。其实自先秦《诗经》《左传》以来，八有时是实义，有时是虚义是‘成数’，八大胡同八大埠就是‘乱七八糟’‘乌七八黑’的八”。

我这里所写的不完全是这样约定俗成的八大胡同，而是我选择的走过的八大胡同，也都在这一带，总的意思是一样的。这八条胡同如下：陕西巷、百顺胡同、韩家潭、石头胡同、朱家胡同、朱茅胡同、小李纱帽胡同、王皮胡同和潘家胡同（这两条胡同合在一起写，实际应是九条胡同）。

写这样几条胡同的目的，一是让人们看看八大胡同从漫长的历史中走到了21世纪，今天到底是什么样子；一是想给那些有兴趣寻访八大胡同旧地的人们画一张地图，做一个向导，如果按这张地图，在前门地区密如蛛网的胡同里，起码容易找一些，不至于迷路。

## 一　陕西巷里怡香院

在八大胡同里，陕西巷正南正北，俨然一条分界线，它西边的韩家潭、百顺胡同（也包括它自己）是头等妓院聚集的地方。它的东边几条胡同则是二三等乃至下处了。

如今的陕西巷南口紧靠着德寿堂老药店，非常好找，德寿堂老药店在陕西巷开了一扇朝东的门。门旁边的灰墙上就镶着“陕西巷”红底白字

的路牌。从两广大街来，找到了德寿堂，就找到了陕西巷。

刚进胡同口，和以前那样的相似，恍然觉得一脚迈进了民国时期的陕西巷似的，还是那样的繁华，店铺林立，和以前一样，还都是一些小店，只是比过去还要显得凌乱，店主大多是操着各种口音的外地人了。而且，新搭建出的小房，参差不齐，犬牙交错，全无当年的风景。外表的相像，只是神似，而非形似。

非常凑巧的是，刚进巷口，就遇见一位住在这里的一位老街坊，他家就住在陕西巷里的榆树巷赛金花旧址房后。他热情地放下自己要办的事，陪我沿陕西巷仔细地转了底掉儿。

想当年陕西巷最多曾有 16 家头等妓院。现存遗址，我找到如下 6 处：

22 号。

一说当年赛金花听风水先生劝告买下那个状如乌龟那个发财之地。一说当年小凤仙挂牌的地方，所以到陕西巷来看它的人很多。

因为现在成为了陕西巷旅馆，里外装修一新，比别处显得都要金碧辉煌，显山显水，非常好找，成为了陕西巷的标志。不过，进去参观，旅馆要收每人 2 元的门票钱（但没有门票的票据），赛金花和小凤仙的芳魂不散，也能够帮助旅馆创收了。不过，比起樱桃斜街上小凤仙和蔡锷将军幽会的贵州会馆，门票 5 元，还算是便宜的。

云吉班、陕西巷旅馆和贵州会馆，三处挨着很近，是小凤仙留在南城三处重要的足迹，几乎是按照时间顺序连接起她生命的轨迹。要想描述小凤仙和蔡锷大将军的风流且气度非凡的韵事，非要到这三处来走走不可。同样是妓女，和现在的不可同日而语。走在这样的地方，想起小凤仙，会

让人感慨如今女子堕落的速度。

即使外表变化很大，陕西巷旅馆里面的格局依然保留着，天井式样的二层围栏式小楼，是八大胡同高等妓院常见的格局，只是它的天井是我在八大胡同里见到最大的，从天棚里透射下来的阳光，非常明亮，直晃人的眼睛。现在漆得红得格外鲜艳的柱子和门窗，有些炫耀的感觉。天井里摆着沙发，供游人休息，硕大的太湖石，装点着今日的时光，想当年这里是喧嚣的场所，天井是它接客的客厅，世事沧桑，变化真的让人有些瞠目结舌。我坐在沙发里休息的时候，正有人进来和店家讨价还价，最后以每个标准房间每天 100 元的价钱谈妥，住一个月。看那人的样子，是南方来做生意的人。如今八大胡同里，除去老人之外，很多是这样的外地人，他们不大清楚自己住的地方以前曾经是出将入相，曾经是金屋藏娇呢。

陕西巷旅馆大门南侧的墙上还保留着“上林仙馆”的字样，看得出来重新涂饰过，非常清晰。它以前还曾叫“醉琼林食肆”。小凤仙死后，这里演变的痕迹非常明显，借助小凤仙来为自己邀名赢利的思路并没有大变。

陕西巷第二旅馆。

此处原是锦花馆，有说锦花馆为云吉班的分院。里面的格局和陕西巷旅馆基本相似。

52 号。

原来的云吉班，是小凤仙的住处。当年妓院分为南方班和北方班，云吉班是有名的一家南方班。外表看，保存得十分完好，是一座青灰色二层

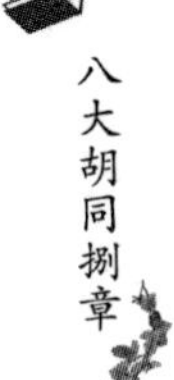



小楼，西洋风格很明显，楼顶有檐，探出楼外，楼顶和中间各有一圈简单的雕饰。一面外墙应该是无窗的，这符合当年的规矩，现在墙下方那两扇窗户是后开的，显得不伦不类。拱形券式大门，朝西，黑漆虽有斑驳脱落，却证明还是原来的。门上面有水泥做成的长方形的匾额，可惜字迹全无，上面有一层水泥遮盖的痕迹，想当年应是“云吉班”三字。难得门前有三级台阶，石阶虽已破损得高低不平，却显示着当年的模样。解放以后道路的改造中，北京路面普遍加高，门前的台阶大多消失或变矮，这说明陕西巷的路面变化不大。

走进去，过黑乎乎的小门道，院子里是一个胳膊肘的二层小楼，坐北朝南，左侧是楼梯，木扶手，楼梯却是水泥的，楼的对面是院墙，中间是天井。以为没有院子了，往里一走，是小厨房挡住了视线，前面有个幽暗的小走廊，走廊虽小，但很长，足有两个房子的进深长度，每间房的进深，大概有 4 米半到 5 米的样子。穿过走廊，后面还有一个小院，往里拐弯向北有一道走廊，据说以前有后门可以直接通到现在陕西巷旅馆。正面对着一个楼梯，这回是木头的了。楼上楼下两层绿色垂花铁檐，常年的风吹雨淋锈色斑斑，绿得发霉，如同水中刚刚捞出来一般。不知小凤仙当年住在这楼中的哪一间？会不会从哪里忽然推门而出，依然是绛唇云步，玉质艳态一般袅袅婷婷？

67 号。

妓院名称不详。宽敞的大木门被水泥包围，显得破败，很像是大车店。正有人默默地低着头，往外搬东西，大搬家的感觉，仿佛还在以前动荡的风云中，像是在演无声的黑白默片。里面的格局和一般头等妓院一

样，如同脱了衣服的妓女和嫖客，内心与外表是一样的，大同小异。也是二层小楼，中间有一个天井，只是比一般的要宽敞，楼下楼上各有一圈分割得很小如同鸽子笼的小房间，房间前是一圈走廊，格局和以前变化不大，只是楼梯放置在正中，不符原先的规矩，原先的楼梯一般是藏在楼的两侧，客人上去，有一定的私密性，现在那两侧原来楼梯角的位置，各盖起了一间房子，可以多住两户人家了。

这里的老街坊问我：为什么过去的妓院都有这样的天井？我还真不明白，赶紧请教。他告诉我：这一来为通风，二来也是因为那时妓院怕有人来捣乱，或有人来抄，他们可以从楼上往天井里倒开水，浇跑这些人。这是他们保护自己最原始的一种法子。

天井里，静悄悄的，当年的喧哗，变成了如今的如此沉寂；当年的浮华，变成了眼下的破败凋零，一座几乎快要搬空的空巢。

73 号。

妓院名称不详。外表出奇的好，拱形券式的门窗，门楣上有花草的砖雕，门两侧的柱子上各有盆花的砖雕，女儿墙上也有花草的雕饰，都十分精美，岁月的剥蚀的痕迹几乎没有留下什么，真是奇迹。从外表上看，比云吉班要漂亮。高台阶比云吉班也气派，昂昂乎的，有些清风临水的高傲感觉，可以感受到当年的风光，定是不同寻常。只是大门两侧各被一个卖吃的小店包围，有些像是落魄的凤凰，落在草鸡丛中，即使还有当年的环佩叮当，服饰耀眼，却怎么也收拾不起来当年的气韵。

榆树巷是陕西巷中段往东拐的一条小胡同，在陕西巷旅馆的南面一点，看到一个女公共厕所，就是它的路口。榆树巷，原来叫榆树大院，因为这里有一棵大榆树，四周盖起了房子，起名叫榆树大院。现在，那棵榆树还在，就在胡同的最东边，紧挨着石头胡同了。

进胡同大约几十米，右手方向的第一个院子是1号，大门朝北，门很破很小，和院子里的一座二层小楼的气派完全不匹配。小楼紧临大门，坐东朝西，楼前应该有两进院落，有小花园和平房，一直顶到陕西巷，所以很多人常把这院子说成在陕西巷的势力范围之内。现在楼前只有很窄的空间，前面都早已经盖出了一排排的房子。我这样猜测，那么多人这样顽固地把它划在陕西巷，也许有可能它最初的大门是开在陕西巷，大门朝西，进得院内，穿过两进院子，正对二层小楼，似乎才合乎北京人盖房的规矩。现在进了大门就是二层小楼的北山墙前，进门右拐是一个楼梯，直接就上二楼，好像不大讲究。当然，这只是我的疑惑，不足为评。

这里非常有名，因为这里是当年赫赫有名的怡香院。也就是陈宗藩在《燕都丛考》里说的“自石头胡同西曰陕西巷，光绪庚子时，名妓赛金花张艳帜于是”的地方。

如今的怡香院已经破败不堪，正有施工的工人在往院里运砖，而把拆下来的绿色屋门扔到外面。如果不是那座二层小楼还苟延残喘地存在这里，谁能够想到这里就是赛金花风云一时之地呢？更有谁能想到这里就是八国联军打进北京之后赛金花和德国元帅瓦德西周旋之地呢？

如今，这里的住户大多是皮革厂的职工，但都是一些老人。我在二楼看见一位年过九旬的老头，刚要向他讨教，从屋子里出来一位比他年纪小不了多少的老太太，推门就对我说：这里可不许照相，要照得到街道办事

处开证明去。我转身走去，还听她警惕地说：现在来的人那么多，谁知道都是什么人呀！我下楼时还是忍不住拍了张照片，听见老太太对老头说：他还在照呢！真是一个认真可爱的老太太！

楼梯悬空，每一节都露出好大的缝儿，走在上面，颤颤巍巍的，心想，老头老太太可怎么下楼呀。四下颓败的样子，苍老得和老人一样颤颤巍巍了。但是，骆驼倒下不掉架，如果稍微仔细看，它的西洋味道还是很明显的。虽然坐在门口乘凉的一个中年男人告诉我：廊前的铁柱子、房檐下的挂檐板、垂花柱头间的花楣子、卷草花饰的雀替，都早没的没，换的换了，那些木板子都是后换的了，然后他指着堆放在大门口垃圾堆的那些绿色的屋门说，这些屋门是以前的，你看，不又在换了吗？但是，莲花式的垂花头是以前的，精致的木外廊、楼上楼下 7 个青砖券式的门窗（最边上的窗稍矮一些），也还都是以前的。所有的木制的东西都刷成绿色，即使这么多年过去了，依然还那么鲜艳。特别还有青砖红砖组合的墙体壁柱（中国一般讲究青砖灰瓦，从来没有青红相间砖体结构），虽然只剩下墙垛子一溜儿了，一面山墙都换成了现在的红砖，毕竟还留下这一溜儿，更可以形成强烈对比，看得出，是和传统中国式的建筑不尽相同，洋味十足。想想在光绪年间，应该是属于超前的了。

我看到一篇文章，当年北京古代建筑研究所所长、著名的建筑学家王世仁先生所撰写，在这篇文章中提到怡香院，经过他的实地考察，他确定榆树巷 1 号院就是当年的怡香院之后，又对周围八大胡同中那些洋式小楼妓院做了这样的分析：“赛金花在欧洲开过眼界，清末又以仿洋为时髦，由她带头改造旧式妓院为洋式楼房，是完全有可能的。由此可以推测，那一片天井式的小楼妓院，很有可能也是 1900 年以后，由赛金花带动下

‘洋化’的产物。”

王先生的话，是我们看八大胡同里许多带有洋味的小楼一个入门向导。赛金花不仅是南风北渐，是率领南方班北上进京的带领者，同时西风东渐，将西洋的建筑风格一同带进京城，改造着清末妓院传统建筑的格局。在这一点意义而言，赛金花的作用不可低估。可以这样说，乾隆二十一年（1757）以后内城禁开妓院，妓院都迁到前门外，在八大胡同真正有这样洋味的建筑兴起，是赛金花张艳帜于陕西巷之后的事情了。从时间算，应该是1900年前后。

令我非常兴奋的是，在这篇文章中，王先生还说：“经实地考察，大体可确定榆树巷1号的七间二层洋式楼房为其后面的主体建筑，正门在陕西巷路东。”王先生证实了我的猜测是对的，怡香院的大门应该是开在陕西巷，而不是现在的榆树巷。

我再次来怡香院的时候，特意从陕西巷东边陕西巷32号院一个小门走了进去，里面还有一道宽一点儿的门，（我猜想大概是原来的二道门）。那木门还在（不知是不是当年赛金花在时就有的），但确实太破了，门道也还在，也实在有些东倒西歪了。门内门外各有一道院，老街坊告诉我，以前，院子里只有南北的朝房，朝房，就是客人来了，暂时休息，等着赛金花出来的地方，类似房子里的客厅，这是仿照宫廷里大臣候朝的朝房的建法。院子可宽敞了，能够开进来停得下小汽车。好家伙！只是现在院里盖起的房子，密密地遮挡住了原来的开阔。特别是院子里迎面后盖起了的一排房，正好遮住了怡香院。恰好院子正中有一楼梯，可以通往北边后搭起的二层小楼，站在楼梯上面，还是可以看得见怡香院的全貌，心想，如果没有后来搭盖这些毫无规矩的房子，站在怡香院的二层楼上往下望，或

进了院子往上望怡香院，那劲头儿都非同寻常，你得佩服赛金花的审美，毕竟是在欧洲待过好几年的时光，眼光和一般妓女大不一样，并不满足于天井式的那种传统老格局，也不满足于柳垂金屋、花发玉阶式的庭院居家的旧感觉，她希望大气轩豁一些，也希望与众不同。应该说，她做到了，在整个八大胡同，唯有怡香院确实与众不同，即使现在它已经凋败如此，依然可以看出当年风景的大致轮廓来。如果稍加改造和修整，只需将后盖的房子拆除，留下南北的朝房，腾出宽敞的院落出来，再把以前曾有花草重新栽上，不仅是整个八大胡同里出类拔萃之地，也给北京城多一处迎风怀想的地方。

这一次来，由于有我的一个曾经教过的学生带领，让我能够看得很仔细，特别是我发现在一楼顶端有一整排用刀工雕刻的壁画，是我来过多次都没有的新发现。房柱的地方，雕刻的都是西洋的建筑和花坛，小洋楼和水榭，还有对称交颈的天鹅；而连接房柱的地方雕刻的都是传统国画式的花卉。由于年头久远，风吹日晒和烟熏火燎，画面都已经发黑，但那雕刻的刀痕还很明显，逸笔草草，简洁却生动。

学生告诉我，地震那年，皮革公司重新砌山墙的时候，也想把楼上二层的房间和走廊一起翻修一下，锯开走廊的第一根柱子，别看外面都木纹脱落，裂开了大口子，里面的木头还是那样的新，那样的结实，就没敢再锯。我说他们做了好事，要是全锯了，都翻修了，就不是怡香院了。学生的爱人说对，只是把柱子和门窗全都涂上了绿颜色，其实，以前这房子的门窗和地板都是暗红色，整个色调是统一的。她接着指着房门对我说，小时候，中间的房门前还有两个大石狮子，下面有九节高高的台阶，簸箕式台阶两旁斜斜的石头特别光滑，我们常常拿它当滑梯滑着玩。她指着门前露出的一块青石板对我说，你瞅，这就是，以后这院子的地面垫高将近两米，台阶都埋在下面了，石狮子也埋在地下面了。

他们夫妻特意带我到了怡香院的后面看了看。因为前面的遮挡太多，从后面看，除了电线，几乎没有遮挡，也几乎没有破坏（它的北山墙就因地震毁坏而全部换成红砖了），一色的青砖，磨砖对缝，好像赛金花刚刚走不远似的，还显得那么新。一溜儿墙上七扇后窗，拱形券式，全都敞开着，几乎就在刚才赛金花才将珠帘轻卷，绮窗打开。而那两角的飞檐，也还完好，翘首在那里，却是一去潇湘头欲白，等待玉人归不来。

## 二　流莺比邻韩家潭

有说是清凉河自宣武门流经此地积水成潭，所以说韩家潭最早叫寒葭潭，并不姓韩。也有说是清代内阁大学士韩元少曾经在这里居住过而得名，也有传说是因在这条胡同的一户姓韩的财主院中地下挖出一个坛子，以为装有宝物，打开一看，是一坛清水而已，韩家潭地名由此而来。

现在，韩家潭叫韩家胡同。这是一条地下东西向的胡同，西边稍稍往北拐了一点弯，和李铁拐斜街（今铁树斜街）相交，可以走到新华街上，离琉璃厂很近。

在八大胡同中，韩家潭原来是虎啸龙吟之地，最多时有金美楼、金凤楼、满春院、燕春楼、美仙院、环采阁、庆元春等 20 多家头等妓院。这里最早是以私寓，也叫相公堂子多而出名，可以说它是同性恋的场所的发祥地。

如今的韩家潭倒还很安静，路边停着好多辆小汽车，但再没有了当年

的风光，不管是妓院也好，还是私寓也罢，以前一条一里多长的胡同云集20多家的壮观，别说难以见到了，就是想都难以想象了。

1949年，封闭妓院时候，这里有7家：满春院、星辉阁、美仙院、环翠阁、春艳院、留香园、明花院，和1948年时基本相同。现在，这些地方大都找不到，找到的是下面几家：

32号。

我来韩家潭好几次，每次在32号门前都遇到他。他成了我的义务解说。他有50多岁的样子，血压高导致心肌梗，早早病退在家，也早早离婚，带着儿子一起过。儿子长大，自己在外面买了房子单过，他一个人还坚持住在这里，每天出来晒太阳是他的必修课。我最后一次见到他，聊得正起劲的时候，他突然起身对我说了句：少爷回来了，我回头看见一个胖乎乎的年轻人开着辆小汽车艰难地开进胡同里，停靠在32号门前。

他新中国成立初期和父亲一起住进32号院。他的父亲那时在银行工作，这里成了银行工作人员的宿舍。那时，妓院被政府关闭，妓女从良都离开了八大胡同，这里一下子显得空空荡荡，住进来的人可随意挑选房子，很宽敞，租金很便宜。他家挑了靠大门的西侧的一间，应该是原来的门房。

他指着现在靠西的大门对我说：这门后改的，原来大门不在这儿，在中间，你仔细看，现在还能够看到原来大门的痕迹。

他说得没错，大门是开在中间。建筑和人一样，外科手术后的痕迹是非常明显的，再怎么用泥浆粉刷涂抹，都还是能够看出接缝来的。

他告诉我：以前大门前有高高的台阶，进了门是很宽阔的大厅，大厅连接着走廊，环绕着，能够左右通向里面，走廊的右面是楼梯，现在院子后面的楼梯是后来住的人家多才建的。大厅正对面，原来有一个很大的天井，中间有花坛，还有一个小小的舞台，站在走廊四周可以看表演。这个院子原来叫跑马场，但其实它并非真的跑马，为什么叫跑马场，我不清楚，只知道是日本人开的，不是妓院，也就是说到这里玩可以，不能带着女人出去过夜。这里的女的，叫做卖艺不卖身。到这里来的人，都是有头有脸的，按照现在的话说，怎么也得司局级吧。他这样对我说，诡谲地一笑。

我进院看了看，和一般见到的妓院的格局差不多，只是因为天井里堆满了杂物，后搭盖出的房子挤满了空间，天棚露出的光线的地方，尘埃飘荡，灰蒙蒙的，过去的一切无法想象了，仿佛都被尘埋网封住一样，彻底死去。忽然低头看见地板上居然还留有几块残破的花瓷砖，是那种从西德进口的瓷砖，上个世纪之初，中国从西德进口的瓷砖，全部都是这种花纹和图样，现在在大栅栏的瑞蚨祥里还能够看得到和这一模一样的瓷砖。在朦朦的光线中闪动着蓝幽幽的鬼火似的光，像是时光老人临走前故意遗留下的信物，裙裾轻轻的那么一闪，曾是惊鸿照影来似的，扑朔迷离地透露出一点以前的信息密码。

21号。

当年这里的老人讲，这是当年有名一等妓院的庆元春，整条韩家潭胡同里唯一尚存名号的地方。在32号的对面，也是一座二层小楼，外表看，比32号更多保存着当年的风貌，门额砖雕上的字依稀可辨，朝东的山墙上“庆元春”三个颜体大字分外清晰，成为了历史的物证，书写着那一

段生活。据说“庆元春”三字，是当年名人叫李钟豫专门题写的，现在很难想象了，一个妓院居然有名人题写匾额，这里的妓院和它附近的琉璃厂上的买卖一样，匾额上得透着点儿文化。但从门额左边的另外两块匾额依稀看得见的字迹来看，这里以后变成了饭馆，就难怪 1949 年和 1948 年存在的妓院名单里，没有它的名字。

走进去一看，正有工人在搬运木料，一问，是要装修，里面好多地方已经老化，需要加固支撑或更新。也是天井式的房子，和别处不大一样的是，东西两侧没有房间，只有南北两面有房，楼上楼下各 4 间，一共 16 间。因为修缮，好多人家已经搬开，和对面的 32 号比，这里显得幽静。楼上楼下各一圈走廊，挂檐板垂耷着，旧楼梯在两侧，都像是打了一夜的麻将还没睡醒似的，在尘埃和光线中显得有些时光交错，给人一种迷离的感觉。

36 号。

几次来韩家潭，32 号那个人都向我指着西边一点儿的 36 号，告诉我以前那是一家大妓院。那里的外墙高出旁边矮房一截，旁边一棵枣树疏枝横斜，与别处风光不同。我查了一下材料，他说得没错，那里大概叫做喜春堂，以后改做北京的梨园工会，也有人说是原来韩家潭中最有名的星辉阁，星辉阁的位置大致在这里，但我看那外貌，似乎并不大像，星辉阁应该比它更气派一些才是，虽然已经隔了这么多年，应该不至于脱形如此。现在，已经彻底成了大杂院。如果仔细看，院子里面老房子的木楣垂檐，和高出旁边院子一截的东山墙的部位依稀看得出当年的风光，只是那风光已经很勉强，彻底的零落成尘碾作泥，香也难如故。

芥子园。

最是面目皆非。现在变成了一所中学。但是，一胡同几乎所有的人都知道这里是芥子园。宽敞的校门口，证明着当年的气派，虽名芥子，却不小，是整个韩家潭里唯一一座园林式的大宅第，有宝信大堂、梦舫书房，有书笺画卷、茗碗香垆，有“十年藤花署，三春芥子园”的门联。不过，那是清康熙年间李渔在这里辟为私人寓所前后的事情了。以后这里几经变故，最后沦为妓院，是不是还叫芥子园，我是心存怀疑的，但是人们一直把它叫做芥子园的，想是借助李渔来抬高它的档次吧。据说后来有对联：老骥伏枥，流莺比邻。说是贴在马号，大概是演义，只是想把老李渔和新流莺强拉在一起，吸引客源而已。

也有说这里是原来民国时期有名的美仙院。

## 三　潇湘馆前说百顺

八大胡同中，现在最值得一看的，要我说是百顺胡同。

八大胡同中，六条是南北走向，只有百顺和韩家两条胡同是东西走向，它们的东口被陕西巷拦腰截住，戛然而止，便和再东边其余五条胡同有了地理意义上的分野，除了陕西巷还有几家一等妓院之外，那里聚集着的全部都是二三等甚至是四等了。当年这种地理意义上的格局，即使现在看不出来了，但是如今百顺的幽静和干净，也是和其他胡同一下子就能够区别开的。它胡同不长，却比较宽，关键是笔直（这一点韩家胡同都赶不上），两旁的房子如街树一样齐整，像梳洗得利落而清爽。胡同中间那

两座洋楼，鹤立鸡群，非常醒目，让这条本来中规中矩的胡同一下子风生水起，有了跌宕和高潮，有了弧度和线条。其他胡同和别的胡同都有交叉，显得像是出现的疤或疮，百顺紧靠着珠市口西大街，除了东口前路南有一条小巷叫胭脂胡同可以通向大街，整条胡同光滑得如同一支细腻而亭亭玉立的长腿。而那条胭脂胡同也是为来人方便，避免走大栅栏而穿街走巷的嘈杂，大概是为了那些只想招蜂引蝶不想惊风惹浪的达官贵人而想出带有私密性的周全之策吧。

我是从西口进去的，先没头苍蝇扎进路南第一家40号院，进院门一眼能看到晋阳饭庄的楼顶和招牌，心想那时这里人们吃喝玩乐的方便，抬脚就到。这院子前后两院，前院宽敞，后院有一座坐西朝东的二层小楼，和原来那种小楼四围中间是天井的妓院格局完全不同，心里犯起疑惑。走出院子，一直走到东口，只看到胡同中间南北斜向对峙的那两座洋楼内的格局，依稀看得出当年妓院的模样来（其中路南18号楼内的木楼梯和地上的花瓷砖还顽强地残存着，49号楼外面女儿墙、窗户和柱子上都有卷草或蝙蝠的雕饰，里面二层小楼上围成跑马回廊，中间形成一个天井，都是当年上等妓院的典型格局），其余的真没有看得出什么名堂。都说东口路南的居委会是老北京原来最大的妓院莳花馆（当年苏三住的地方，以前叫苏家大院，莳花馆是民国以后的名字），已经被水泥翻修得面目皆非，昔日的风光，荡然无存，让我很是心存疑惑。

我手里拿着一个写满当年妓院名称的本子，已经在百顺胡同里转了两圈了，也没有把本子上的名字一个个让它们诸神归位，时光将本子上的名字和实地的房子拉开了遥远而模糊的距离。正在我站在那里莫衷一是的时候，遇见了一位老爷子。

老爷子姓刘，面容红润，精神矍铄，身穿宝蓝色唐装，正在晒太阳，见我手中本子上写着百顺胡同里密麻麻的妓院名字和位置，问我哪儿抄来的？我说网上。他瞥了一眼，看了看，很不以为然地对我说：都不对。我本子上抄的紧靠西口路南第一个是潇湘馆，他指指他身后的小院子告诉我这才是潇湘馆呢。那木门很小，实在够破的了，暗红的木漆斑驳，似半老徐娘一脸脂粉脱落。心里暗想，真够糟蹋潇湘馆的了，难怪当年吴宓先生看见饭馆取名叫潇湘馆，气就不打一处来，找到饭馆的老板，自己花钱请老板一定非得把这名字改过来不可。

老爷子忽然出现在我的面前，好像是故意在那里等着我，在我正要离开这里时专为我仙人指路。我真有些喜出望外，忙问老人家是不是住在这里的老街坊？他站如松似的身子纹丝不动对我说是，然后有点儿嫌我有眼不识泰山，非常不以为然地瞥了我一下，说我都住在这条胡同 70 多年了。70 多年？那他得有多大年纪了？他让我猜，我说看您的样子也就 70。他伸出两根手指说我是 1920 年生的，你说多大了吧？85 岁整，好家伙，赶紧躬身向他讨教。

老爷子告诉我：这条胡同的院门大多是后改的，像潇湘馆这样的老木门已经很少了。原先的院门都不大，沿街都是墙，没有一扇窗户，墙上画着都是山水人物，街上也没有一棵树，空地停着的都是洋车，胡同里安静得平常看不见什么人。这与我们在影视小说和想象中的红灯区不大一样，并没有灯红酒绿，莺声燕语，和倚门卖俏、当街拉客，就更是相去甚远。

我进潇湘馆看了看，四合院式的房子，虽然老瓦犹如老眼沧桑，瓦间的荒草犹如老鬓枯黄，但一间间很规整，中间还有一棵枣树和石榴，把朗朗的疏枝抖擞在阳光中，正是深秋，那石榴通红得照眼，个大得出

奇。老爷子不以为然地告诉我，那枣树和石榴是后栽的，原来没有，院子里只有鱼缸和花坛，原来潇湘馆不只是这个小院，它往东长长的一溜，一直紧挨着鑫凤院那楼的西墙，要不外面看怎么墙特别的长呢。百顺好多原来的妓院占地都很大，后来住的人多了，才截出一个个的小院，开了一个个新门，多出来两个门牌号。但原来的老木门和门前的石门礅，虽然都有些苍老，却都还在，纵使恍然隔世，毕竟给你一种物证一般的实感和质感。

（后来我第二次再去的时候，那里的木门已经被拆换了，走进院子里一看，工人们正在施工，房子被大卸八块，心想，坏了，维修是必要的，住得舒服一些，也是应该的，但总体格局破坏不得呀。并不都是新玩意儿值钱，老的玩意儿，里面沉淀着历史呀，破坏了，历史就没有了呀。第三次再去，已经换成对开的两上涂着红漆的新门，墙上也涂上一层青灰，门前还装了三节水泥新台阶，老模样被彻底改造干净了。）

老爷子一边说，我一边记。他按照我本子上抄的那些妓院名字，挨个指给我看现在的位置，我随手写在那名字的旁边，他说你写得这么乱，能记得清吗？我赶紧又在旁边画了一个地形图，他不厌其烦地从头到尾又向我说了一遍。其中对我重要的订正是莳花馆，以前都以为是现在居委会，其实，居委会的地方原来是一家日本人开的酒馆，他告诉我他家原来就住在那里。

我对他顿时刮目相看，又不大好意思问他是做什么的。现在老爷子只住潇湘馆对面小院一间小屋，事过境迁的反差，也许，浓缩着一段人生故事和秘密，只是瞎猜。

百顺胡同东口路西，有一座老房，模样保持着以前的样子，窗门一直都紧紧关闭着，我每次来，它都是老样子，好像废弃了一样。按照老爷子的说法，这是原来的群芳馆。往里走，紧挨着它的，是原来的凤鸣院，是一家规模不小的妓院。门和墙都抹成拉毛形状的了，老人告诉我这是当年学苏联的抹墙的新法子，一看就知道是上个世纪五十年代的事情了。最有意思的是，大门的上方，还抹上了一个五角星，更是把那个时代的特点画龙点睛的点拨了出来。但是，拱形券式的窗，墙上段的匾额，还都是以往民国时期的样子，就这样错落杂陈一起，为我们展览着它的腰身。它是一座两进院子，进了大门之后，还有一道门廊，最后是一座二层楼，这样的布局，有些像赛金花的怡香院。只是最后的楼没有怡香院的大，也没有怡香院的洋气。院子原来是不小的，现在住满了人家，房子把天空都遮挡住了，黑乎乎的，几乎见不到光线，摸着黑爬上楼，每一间房子都不大，都是当年的格局，房前原来宽敞的走廊也盖上了房，遮住了光线，上面和楼下一样黑乎乎的，仿佛进入了另一个天地里。不过，如果走到陕西巷，从侧面看它，那两进两出平房的房脊，和最后楼房的房山墙，错落有致地起伏着，连绵着一道曲线，可以想象着当年的玲珑与气派。

莳花馆应该在胭脂胡同的路东，紧把着胭脂胡同的北口，最早莳花馆（即苏家大院）的大门，不在百顺胡同，而是在东皮条营（今东壁营）紧把着西口的那一溜儿大瓦房。再往西，就是胭脂胡同，往北拐出去，才是百顺胡同。后来，我专门去东壁营，那里有好几户过去的妓院的老房子都还在，里面全成了大杂院，但外表看起来，一点不比百顺胡同里的差。不过，这里好多人特别是年轻人都已经不知道这里就是以前的苏家大院了，尽管他们也能够哼哼两句京戏里的唱词：“苏三离开洪峒县……”，但是对于冯梦龙在《警世恒言》里写的《玉堂春鱼难逢夫》的整个故事，大

概不甚了了。苏家大院是三进三出的大院，因大门朝南，正房左右都有厢房，正房对面有二道门，进门左面是一溜儿倒座房，迎面有靠山影壁，是典型的老北京大四合院的规模，和鑫凤院和松竹馆的西式风格正成对比。如今的苏家大院似乎成为了库房，因为我去的时候，正有汽车停在那里，从车上跳下几个工人，往院子里搬货。

老爷子同时指出我本子上写的新凤院的“新”应该是“鑫”；又补充了我本子上没有的一个阑香院；告诉我刚才进的40号院是京剧著名武生俞菊笙的家，后来四大徽班之一春台班也在那里，前面的那个宽敞的院子就是孩子们练功的场子；我去的18号楼，就是这条胡同唯一的一家北方班，大名鼎鼎的松竹馆。

最后，他指着整条胡同对我说了句有意思的话：现在你看看这样子，没有人管。不能够怪政府，政府和人一样，谁家大人不希望自己的孩子好？具体的是那些办事的人。现在的人，口头造句都不错。说着，他指指肚子，里面的文化没多少了。听完他的话，我忍不住笑了，他没笑，只是摇着头。

将老爷子指点后的百顺胡同当年妓院及其他分布附录如下：从东向西，路北依次是群芳馆、凤鸣院、正觉寺、泉湘班、美凤院、顾长顺（京戏名旦）老宅、迟金声（京剧名宿）老宅、鑫凤院（洋楼）、潇湘馆、陈长霖（京剧名宿）老宅；路南隔开第一个院子依次是日本酒馆、莳花馆、胭脂胡同、饭馆、苏州馆、兴顺馆、松竹馆（洋楼）、鑫雅阁、阑香院、美锦院、迟月亭老宅、程长庚老宅、杨朵仙（花旦）老宅、俞菊笙故居。

## 四 石头胡同觅温柔

民国时有诗云：陕西巷里觅温柔，店过穿心回石头。说的是陕西巷和石头胡同挨着很近，前后穿堂门似的，一走就到了。石头胡同确实和陕西巷紧挨着，两条胡同平行，都是南北走向，几乎一般长短，只是石头胡同在中间稍微折了一点儿弯。站在石头胡同里的西院，或站在陕西巷的东院，都能够看见对方院子的房檐，有的院墙索性就是共用一处。

这句诗另外说的意思是陕西巷的妓院档次要高于石头胡同，要不干吗在陕西巷里觅完温柔再回石头胡同呢？现在做这样的猜测，我想是不无道理的。有案可稽，当年石头胡同里有荣华楼、蕊香园、云和班、三福班、四海班、贵喜院、云良阁等共 24 家妓院，数量不少，大都是二等妓院。不过，即使是二等妓院，石头胡同也是非常热闹的，《顺天府志》载："石头胡同有望江、龙岩会馆，天仙宫、准提庵。"可见了得。

现在的石头胡同已经破败不堪，街景不如陕西巷好多处还保留着当年的模样，但比起店铺杂乱的陕西巷要清静，也干净一些，墙上还有壁画，画着石头胡同过去的街景和新创作的《石头胡同之歌》，是在所有八大胡同里都没有见到的景观。

转了一圈石头胡同，除了现在叫石头胡同旅馆是原来的一家妓院之外，只剩下 49 号院还多少残存着当年的样子。这是一座二层小楼，据说这里是当年一处不错的妓院，叫什么名字，已经无人知晓。如今，没有进院的门，楼体直杵杵地立在当街，下面接出几间小房，临街的一扇门像是一间房子的门，不像是院门，却是现在这座楼唯一的门，门上上着锁。我

猜想，原来的楼如果就是紧临街的这个位置没有变化，那么大门应该在楼的左侧或右侧，可能是后来住进的人家多了，各开各的门，中间隔开盖起了墙。从外面看，能够看见楼梯暴露在楼外，赤裸着一条大白腿似的，顾不上那么雅了。楼上楼下更是顾不上那许多，接搭出的小房，鼓胀出的肿包一样，像是塞得过于满腾腾的一辆大卡车，力不胜负，摇摇晃晃的，随时都有翻车的可能。只有从北侧看房脊，还能够看出当年的风光来，磨砖对缝的一溜儿灰墙和灰色飞檐上的蝎子尾，提醒着人们这里的年份和历史。可惜，戗檐被前面新盖的房子遮挡住了，但垂花木帘还在，在楼旁一株老槐树的掩映下，依然清晰，似乎在随风而动，细微地摇曳着当年的声响。

据别人告诉我，居委会的对面是原来的贵喜院，公共电话处是原来的云和班，39号是原来的三合成书茶馆，当年连阔成在这里说过书，不仅好多人愿意来这里听书，也是不少妓女愿意留恋的地方。

另一说，现在二轻招待所的地方，据说在光绪末年曾经是张勋的宅子，以后变成四海升平茶园（我怀疑是有名的四海班），老白玉霜在这里唱过落子。也有人管它叫“窑班儿”或“吊膀子馆”，可见当时它和妓院的关系。

但我没有找到二轻招待所，根据别人所提示的大概位置，我看见一座三层楼，现在是葛洲坝电力招待所，门旁是棋牌室，关着推拉式的银色大铝门。门前坐着几位老太太，上前一问，果然这里就是以前的二轻招待所。一位慈眉善目的老太太笑话我说：还二轻招待所呢，那是哪会子的事啦？改葛洲坝都十好几年了！原来是二层楼，原来的大门开在这儿——她指指身后棋牌室的大门。

同样是她们告诉我，居委会就在葛洲坝电力招待所的北边，一溜儿的大瓦房，房顶上原来苫的鱼鳞瓦，都换轻型盖瓦片了。门面的墙上也贴上了一层跟澡堂子似的白瓷砖，山墙在地震那年震坏了，重新砌成了红砖的了。就像一个人老了，身体上的零件，该换的都换了，唯独没有换的是一张老脸，屋檐下那一道长长的檐楣子，还是原先的，而且，那么多年过去了，那种红色变成了暗红色，却依然没有脱开原本的底色，顽强而孤零零地残存在那里。只要一看这檐楣子，老人就能够想起当年贵喜院的样子来，这就像孙悟空万变不离其宗，怎么着，还留下了一截尾巴露了出来，让人们好去辨认，别把它彻底遗忘。

还是这几位好心的老太太告诉我，再北边一些，快到北口的甲 5 号，是以前的大北照相馆。我过去看看，一座三层小楼（最上面一层探出来一截儿，有些像现在建筑盖出来凸外悬空的飘窗），外墙被涂抹成青灰色，现在住上了好多户人家了。别看不起眼，却是民国时期北京最大的一家照相馆，挺立在八大胡同几十年，领时尚潮流一直长盛不衰。

它的南边就是当年一样赫赫有名的大陆剧院，现在是大栅栏社区服务中心。虽然，几经改建，但外表两侧那两个粗粗的大圆柱子，柱子之间那一道高高的女儿墙，还是一眼就能够看出原来剧场的外貌来的。

我最后找到了 39 号，原三合成书社的旧址，现在成了一个叫做乐趣缘的棋牌室。显然，它的功能没有变，还是娱乐，而且还主要都是为来这里的外地人服务的，就像当年一样娱乐项目也集中在这条胡同里，否则怎么可能会在这样一条胡同里也集中好几个棋牌室呢？只是，它完全是铝合金建成，周围一圈醒目的蓝边，彻底找不出当年的一点儿影子来了。

## 五　朱家胡同临春楼

46号。

据民国书中记载，朱家胡同里都是一些三等妓院，有名有姓的记录下来：怡春楼、临春楼、民乐院、瑞福院、洪顺下处等。但我看到的情景，似乎与书中所说的不符，最明显的，现在46号的临春楼，是我在八大胡同里见到的现存外表最为气派的一所妓院了。西洋风格非常明显，高高的女儿墙上有菱形几何图案的砖雕装饰，房檐下线形装饰如穗下垂，和上面的菱形呼应，西方现代的味道很浓，是其他地方没有看到的。

大门开在整幢建筑的正中间，但所占的地方很少，大约在正面墙体的八分之一，在上下纵线的下面三分之一的位置上，这在传统的北京四合院建筑中是不多见的。但门的设计却是传统式样的，有半扇门楼，上骑鱼鳞瓦，再上有草盘子，有翘蝎子尾。由于整面墙体没有一扇窗户，那门楼就像镶嵌在墙体中，又由于门和墙体的比例悬殊，墙体一色的清水式磨砖对缝，门楼显得很压抑，但也可以是小巧玲珑，我是怎么看怎么有些像是碉堡中的门道感觉。门楼上面有嵌入式的长方形匾额，中间“临春楼”三个字有些模糊，但很具沧桑感。这样的设计，这样的规模，都不大像是三等妓院所能。

朱家胡同还有其他几处，都没有临春楼如此的式样和规模——

4号。

二层小楼。天井式的格局还在，对开的楼梯也在，说明它在以前应该不算小，否则根本用不着两个楼梯。只是外表新修的水泥墙面，一看就知道是那种上世纪七八十年代所为。

6号。

现在的新升旅馆，外表格局变化较大，里面还是以前常听到那种带天井的妓院的样子。

9号。

门楣匾额有四个字，只能够看见一个“店”字。券式门嵌在花岗岩料与水泥混合做成的方砖墙体中，西式味道很明显。大概是民国中期的遗迹。当门上方的墙体是用红砖，很显然是后来因原墙体不稳而重新砌上的，顾不上原本灰色调的整体格调了，有些二八月乱穿衣。

11号。

与9号相连，格局一样，二层小楼，天井式。新盖出地方房子挤压着原来就很窄小的空间，新搭出来的绿色塑料遮阳棚，更是肆意和红门红窗抗衡，进行着色彩之战。木楼梯很老了，顽强地站在那里，上面的铁栏杆生着锈，爬上岁月的风霜。二楼房檐上有漆绘的木棱，那么多年过去了，居然还在，红木檐两角的雀替，居然也还在，真算是奇迹。

15号。

现朱家胡同旅馆，格局改动很大，楼梯在后院里，窗户全部朝向院子，后院成为了一个小天井。妓院后期经营不下去，或新中国成立以后妓院被封闭，改成旅馆的，是常见的一种经营转换方式。

17号。

小四合院。双扇木门，一扇坏了，里面有一扇影壁，这是不多见的。

## 六　聚宝茶室话朱茅

朱茅胡同在朱家胡同的西面一点，不过，因为它是八大胡同的中间地带，四围被它们所包围，它的南边又是死胡同，之后往西拐一点儿，才能够到燕家胡同和石头胡同，再拐出去，所以，稍微难找一些。

1949年封闭妓院的时候，朱茅胡同尚存有：忠福院、富贵堂、清华院、春香院、兴化阁、华美楼、会友茶室、银香茶室、奎顺下处，共10家。和我查阅的1948年的档案相比，少了艳福茶室、永乐茶室、永和茶室、德福茶室、双喜下处、永安下处、宝华下处、同鑫院、华凤院几处。

但这里21号的艳福茶室，现在还保存完好，木门、石墩还在，门楣上写有"艳福茶室"四个字的匾额也还在，字迹依然清晰可触。想想当年曾经住有8个来自河北的妓女，如今早不知风流云散到何处去了。走进去，是一个很小的四合院，低洼而窄小的院落，当年却拥挤着那么多的妓女和嫖客，真的难以想象了。

这里的15号的临春茶室，在1948年和1949年的名单里都没有，应该在更早以前。外表看来，大概是整条胡同保存得最好的一处了，但里面的格局改动很大，水泥楼梯，明显是后装的。

9号的聚宝茶室，格局保存得也十分完好，来这里参观的人很多，住在这里的主人大多不在，而是把房子租给了外地在这附近做买卖的人，他们对这里的历史一无所知，总是瞪大了眼睛奇怪望着前来参观的人，不明白人们为什么对这样破旧拥挤的地方感兴趣。

在八大胡同里叫茶室的一般是二等妓院，但这一处茶室分外特别，不知以前别处的茶室有没有比它大更好更别致的，现存的茶室，它是难得的一例标本了。

里面是典型的天井式的妓院格局，虽四周有新搭建的房子显得很拥挤，但两侧的木楼梯都还在，房檐上的垂花木楣，涂饰上去的绿颜色也新鲜还在。南北和西面围成一个 U 字形的小楼，二楼是一圈跑马围廊，有简单几何图案的绿色铁栏杆，配以红色木窗，还真有些过去绮窗朱栏的那点意思。

从外面看，规模不小，四面无窗，两面高楼，每面高楼顶端的西式柱夹中式硬山瓦檐，中西结合，是现存的唯一。两面高楼之间夹着中间的门楼，门楼一下子凹下去了，双峰溪流的感觉，让门显得很局促，突出的是高楼，而不是门。门是券式砖雕拱形，式样是西洋的，门楣上有“福禄”吉祥两字，意思却是完全中国式的，倒也中西合璧。门两侧长方形立柱，顶部和中间隔开四层呈有棱有角四边形，多少有点儿罗马式的意思，和传统的柱子做法不尽相同。两柱之间顶部夹以弧线波浪形的女儿墙装饰，也是和传统做法不尽相同的。匾额在女儿墙和门之间，很大，占有和门一样的宽度，更是和其他妓院的匾额不大一样，显山显水，有些招摇。上书“聚宝茶室”四字，很是清瘦娟秀，不知出自哪位文人之手？想那时二等茶室的匾额都要有个讲究，直感到今日的堕落真的是全方位的堕落。

据说在“文革”之后这里的居民坚决地要求房管局铲除“聚宝茶室”这四个字，这四个字是妓院的象征，是刺在大家脸上的红字，总觉得不那么好看。可不知为什么，这四个字还是保存了下来，毕竟时代在进步，历史总是无法抹平的。

平常的时候，走到这里，胡同里的人不多，偶尔遇到的，只是一些老

人，显得挺安静的，却也和蹒跚走在这里老人一样，显得有些老态苍然。夏天，人们都从狭窄的院子里出来乘凉，尤其在傍晚的时候，下班的年轻人们回来了，胡同里的人影幢幢，雾霭蒙蒙，显得有些拥挤，却也多了烟火气和彼此问候的声浪，显得生机盎然了起来。

有一天黄昏，我走到那里，刚进胡同口没多远，就看见一家子坐成一圈，围桌一个电烤炉在吃烤肉，大概有朋友来，一圈人足有七八位，男人们索性都光着膀子，大口吃肉，大口喝酒。啤酒瓶子口不住地喷吐着泡沫，烤肉冒着缕缕的烟雾，和香味一起弥漫在胡同里。看他们的身边就是电线的插销，长长的电线蛇一样，从拥挤杂乱的院子里蜿蜒出来，心想，这样的烤肉大概不是第一次吃了，别看线头有些乱，有点儿悬，却是轻车熟路。如此的生活气息，就是今天八大胡同里人们生活的缩影。在他们的身边，就是从前的青楼，野鹭流莺，花荫鬓影，曾就在他们身边流连弥散，但那属于遥远的历史，属于他们的，是今天要吃要住的日子，琐碎，艰辛，却也自得其乐。

## 七　小李纱帽光影间

在八大胡同中，它是下等妓院集中之地，即使和朱茅胡同、朱家胡同，都不可同日而语。可以说，它是八大胡同的另一类代表，和百顺韩家潭故意对应的另一坐标。

别看它名声和地位低下，但当时胡同南口和北口各有同福居和庆云堂北京城的两个有名的老饭庄伺候着，人来人往，也曾经是一时鼎盛，曾有竹枝词：每味上来夸不绝，哪知依旧庆云堂。可见当时的热闹，是庆云堂的热闹，也是它的热闹。所以，八大胡同有许多版本，几乎所有的版本中都要囊括有小李纱帽胡同，别看它穷酸穷酸的，少了它一道菜，就成不了席。

在八大胡同里，它的档次确实是最低的，再低的就要低出一般常说的八大胡同之外，比如王皮胡同了。有钱有势的主儿，是不会轻易到这里来逛的。

据书中记载的，小李纱帽胡同里，原来有双凤楼、蕊春楼、鑫美楼、天顺楼、泉升楼、连升店、永全院等。我前往实地查询，只查到4家——

3号。

原来的泉升楼（疑为以前的新生楼）。二层小楼，我看过前些年的照片，照片上面，它的大门门楣上面的写着“泉升楼”三个字的匾额和匾额上面的门楼还在，里面的二层小楼也还在。这次一看，券式拱形门还在，异常精美的砖雕围拢中的“泉升楼”三个大字也在，字后面铁锈红的底色虽大多脱落，但有些地方还在。“泉升楼”三个楷书写得很是端庄（如此下等妓院，名字的书写也要一丝不苟）。只是上面的门楼不在了，进得院里，二层已经削去了上面的一层，楼变成了平房，一打听，原来前些年考虑楼体不结实，怕出危险，把整个楼上的一层和大门上的门楼都拆掉，但大家把“泉升楼”的匾额一起拆掉的要求，没有实现，亏得房管局的远见，和“聚宝茶室”一样，保存了下来。

小院不大，但很乱，二楼被拦腰斩断，幸亏一层房檐下的垂花木楣保留着，绿色的那种，和八大胡同里所有的垂花木楣一样，成为了逝去岁月的一种象征。

5号。

前后两个小院，前院有倒座房，后院有正房和厢房，因胡同南北走向，东房为正，住在正房靠南的一间里的，是院子里年龄最大的老人，今年84岁。我看得出来，对于整条小李纱帽，他什么都知道，但提起这家妓院，他出言谨慎，推说刚刚大病一场，脑子不大好使了。在我一再询问下，他只告诉我他住的这个院子以前是个麻袋庄，做贩卖麻袋生意的，在麻袋庄之前，也是家妓院。我问妓院叫什么名字，他说不清楚了，也许是真的不清楚了。

13号和15号。

很相似的两个院，都是二层小楼，里面的空间很窄，靠南都没有房子，靠北一侧一溜儿房，每间大约七八平方米，每排7间，开间都不大，原来什么样，现在还是什么样，只是在房子前面接盖出房子，包子褶儿似的，拥挤在一堆儿，挤得院子更加窄。楼梯都在靠大门的北侧，楼上的房间和楼下的一般多，只是楼下的走廊齐着房檐都盖出了房子，扩大了居住面积，门道也盖了房子，遮挡住光线进不来，院里越发显得拥挤和幽暗，没有办法，冲街的方向开了一扇窗，独眼龙似的，显得有些怪异。

坐在13号门前乘凉的一个老太太告诉我，以前这两个院是一家，叫“连升店”，她刚搬来的时候，门上这三个字还在。

27号。

我到27号门前的那天，好几个人都仰着脑袋看门楣上面匾额，猜那上面的字到底写着的是什么。都是北京人，都是和我一样实地查访的。那上面的字十分模糊不清，但大致还有个轮廓，便越发逗大家的兴趣，像猜谜似的瞎猜。

一位老爷子也走了过来，告诉我们是“蕊春楼”三个字。

蕊春楼很高，很宽，在整条胡同里显得鹤立鸡群，非常出众，正把着胡同的南口，和大李纱帽胡同相交。外表的造型很像朱茅胡同里的聚宝茶室，但匾额上方多了一层门楼式样的砖檐，好像特意为它遮风挡雨，是在别处没见过的。大门下方被砖砌到拦腰处，露出的上方像是一扇窗户了。另外后盖出的大门，被砖完全砌死，也就是说，整座楼前脸没有了大门，门是开在后面或侧面了。

还是那位老爷子，告诉我大门在路口朝向大李纱帽，现在是一家旅馆的锅炉房。

这应该是一家很大的妓院了，但很奇怪的是，在 1948 年的户籍档案里，并没有查到它的存在，不知它到底建于哪一年。

后来，我又去了一次那里，蕊春楼的匾额前被钉上了木牌保护了起来，旁边新开了一道门，里面是旅馆，紧靠着这门的一个房间的门也敞开着，被褥很新的亮在那里，让人恍惚觉得似乎会有人影从那门后袅娜一闪，惊鸿一瞥，跳跃在时光交错的光影之间。

## 八　王皮蔡家两相宜

一般而言，八大胡同里是不会包括王皮胡同和蔡家胡同的，因为这样的胡同里只是麇集着一些等而次之的下等妓院，上不了台面。八大胡同似

乎看不大起它，虽然都是红灯区，和人一样，它们自己还要分割为三六九等呢，自视清高的，和自觉卑贱的，相差甚远。

相比类如陕西巷或百顺胡同，它们确实显得很窄，两旁的院落，大多只是那种低矮的小院，院里房屋老旧破败，拥挤着好多户人家，有的院子里比胡同的地面还要低洼。但是，这两条胡同在八大胡同里很有代表性，在民国时的《顺天时报丛谈》里特别提到："在煤市街迤东尚有王皮胡同、蔡家胡同两处，虽为少下等级之妓寮，然均属所谓之大街北之娱乐处所。"在煤市街迤东，从大栅栏往南平行次第排开，一共有十条胡同，它却只特别提及这两条胡同，便让这两条胡同也彼此拉近了起来，说它们俩是一对难兄难弟也好，说它们俩彼此相宜相亲也没错。反正，一般提起了它们当中的哪一条胡同，总会让人立刻想起另外一条，就像俗话说的，是一根绳上的两只蚂蚱。

王皮胡同原来叫做王八胡同，不雅，后改的名。它的东口在粮食店街，西口在煤市街，紧挨着原来梁实秋先生经常去的致美斋饭庄（它的一鱼四吃和烩两鸡丝在京城最有名）。所以王皮胡同一度挺有名，到它那里来的人也不少。不过，在民国时期，王皮胡同的妓院一般都是等而次之的，暗门子也多。我小时候常穿过这条胡同到煤市街，然后到大李纱帽胡同的南口新建的新中国电影院看电影。但那时不知道这里新中国成立以前竟然藏着那么多下等妓院。

10号。

靠东口。二层小楼，水泥墙是后来的，青色的墙面显得很楞。只有一侧的房脊是灰色的砖瓦，是以前的，楼饰尚在，铁栏护窗，据说是当年略上档次的妓院，后改为旅店，现在是大杂院。

18 号。

外表看来是整条胡同保存最好的一座楼。灰墙磨砖对缝，券式门上匾额上“贻来年”三个字非常清晰，看那字端庄得很，真难以想象会是一家下等的妓院。门下有台阶，朝街墙上方有三面拱形窗，是原来的；下方有两扇方形窗，是后来打出的，为了通风和采光。

里面靠街的一面是二层楼，楼对面是平房，靠东一侧有楼梯，扶手是木头的，台阶已经改水泥的了。红色的平顶房檐，绿色的垂花檐楣，下坠的桃形花饰依然还在，那么多年了，心也不跳了，面却不改色。

26 号。

门额上只剩下三个白色的色块，字没有了，进去问，谁也不知道，小楼几经易主，住进的都是年头不够长的人，只知道新中国成立前是旅店，新中国成立后也是，后来成了大杂院。再往前倒腾的历史，就是一团模糊的糨糊了。如果仅仅是家旅店，门额上的字就不会费力用白灰遮掩了。我们有时特别愿意遮掩一些什么。

蔡家胡同紧挨着王皮胡同，就在它的南面一点儿。对比王皮胡同，走进蔡家胡同，没有那种历史厚重和时光交错的感觉，主要因为老房子不多，院落也不多（但有的院落比王皮胡同的要好），旅店倒很多，旅店的大牌子挂得到处都是。都说这里的旅店大多是以前的妓院改造过来的，改

得外表已经全无原来的影子了。但是，如果你走到里面去，还是能够一眼就看出陈年那种珠帘锦帐的依稀模样来的。

蔡家第一旅馆，就是这样的一家，外表看，起码不比小李纱帽胡同里的差，长长一溜儿三层小楼，更是小李纱帽胡同里所见不到的。进得里面，天井小是小了些，端起的架子那意思还在（只是摆满桌子改成餐厅了），每层一圈跑马廊窄是窄了些，跑不起马来，侧身而过，鼻息和心跳彼此听得到，那感觉大概和电影《花样年华》里张曼玉和梁朝伟擦肩而过的意思相近。而且，现在依然是朱窗绮户（虽然经过了改造），绿栏红柱（柱子还是以前的，栏杆已换成铁管的了），没有完全的脱形，总能够给人一点儿往日的气息。

我第一次去那里时是开春，正好一位中年妇女穿着一条鲜艳的红毛裤，大摇大摆地走出院子上公共厕所。我向她说了句：这儿的旅店这么多。她说是，旅游的地方嘛。我问她以前就都是旅店吗？她的话证实了我的判断，她连头都没回，说了句：以前是窑子，这是八大胡同。

看，她把蔡家胡同也划归在八大胡同的势力范围。住在这里的人们心态有些复杂，以前是羞于承认自己住在八大胡同里面或附近，现在八大胡同成了大栅栏乃至整个北京一个特殊的存在，其意义被重新评估，说起自己现在就住在八大胡同里，不能说是那种住在高档社区的感觉吧，多少有些不那么一般的感觉呢。

八大胡同，真的让人一言难尽。我春天、夏天和冬天曾经三次去王皮胡同和蔡家胡同，想起第一次在王皮胡同里，在 17 号院子的大门前，看见栓着一条晾衣绳，绳子上挂着两个洗得干干净净的毛绒玩具。第二次在王皮胡同里，还是这个院子前，看见两个孩子在用彩色的粉笔在墙上画着一个崭新的房子。我想，这大概是孩子们眼中和心里的八大胡同吧，他们和我们大人眼中和心里的八大胡同不一样。

2006 年 3 月—12 月写于芝加哥和北京